Dr. Oetker

Blitz
Kuchen

Dr. Oetker
Blitz
Kuchen

Dr. Oetker Verlag

Vorwort

Sie haben nur wenig Zeit? Sie haben gerade einen anstrengenden Arbeitstag hinter sich und die Hausarbeit stapelt sich? Und doch möchten Sie Ihre Lieben mit frisch gebackenem Kuchen verwöhnen?

Hier sind die Blitzkuchen, die wenig Arbeit machen, in 15 Minuten im Backofen und dennoch etwas Besonderes sind. Die perfekte Mischung ausgewählter Zutaten und kurzer Zubereitung zeigt Ihnen, wie verblüffend schnell und einfach Kuchen backen sein kann. Roter Mandarinen-Kirsch-Kuchen, Marmorierter Käsekuchen und Schokoladen-Aprikosen-Kuchen sind nur eine Auswahl der Kuchen, die darauf warten, von Ihnen gebacken und serviert zu werden. Ihre Familie und Ihre Gäste werden Sie für Ihre selbst gebackenen Kuchen lieben und Ihnen bleibt genügend Zeit, um sich zu entspannen und Kraft zu tanken.

Die Rezepte wurden von der Dr. Oetker Versuchsküche ausprobiert und sind so beschrieben, dass sie schnell und leicht nachzuarbeiten sind.

Einführung

Viel Zeit hat heute kaum noch jemand und trotzdem freut sich jeder über ein Stück selbst gebackenen Kuchen. Mit unseren Blitzkuchenrezepten brauchen Sie nur etwa 15 Minuten Zubereitungszeit und schon kann der Kuchen in den Backofen.

Damit Ihnen wirklich alles blitzschnell gelingt, beachten Sie bitte noch folgende Hinweise:
– Stellen Sie alle Zutaten für den Kuchen, die entsprechende Backform und die benötigten Küchengeräte (z. B. Küchenwaage, Handrührgerät mit Rührbesen oder Knethaken, Rührschüssel, Backrahmen usw.) bereit.
– Bereiten Sie zuerst die Backform bzw. das Backblech vor. Beginnen Sie dann mit dem Abwiegen der Zutaten. Stellen Sie den Backofen an und bereiten Sie die schnellen Teige zu, die dann sofort in die vorbereitete Backform bzw. auf das vorbereitete Backblech kommen.

Backformen

Die meisten Rezepte werden in einer Standardspringform (Ø 26 cm) oder auf einem Backblech (30 x 40 cm) gebacken.
Wenn Sie aber die Abwechslung lieben, gibt es im dritten Kapitel noch Kuchenrezepte für folgende Formen:
– Kastenform (25 x 11 cm, 30 x 11 cm)
– Gugelhupfform (Ø 22 cm)
– Tarteform (Ø 28 –30 cm)
– Muffinform

Hinweise zu den Rezepten
Lesen Sie bitte vor der Zubereitung – besser noch vor dem Einkaufen – das Rezept einmal vollständig durch. Oft werden Arbeitsabläufe oder -zusammenhänge dann klarer. Die Zutaten sind in der Reihenfolge ihrer Verarbeitung aufgeführt. Die in den Rezepten angegebenen Backtemperaturen und -zeiten sind Richtwerte, die je nach individueller Hitzeleistung des Backofens über- oder unterschritten werden können. Bitte beachten Sie deshalb bei der Einstellung des Backofens die Gebrauchsanweisung des Herstellers und machen Sie nach Beendigung der Backzeit eine Garprobe.

Zubereitungszeiten
Die Zubereitungszeit beinhaltet nur die Zeit für die eigentliche Zubereitung, die Backzeiten sind gesondert ausgewiesen. Längere Wartezeiten wie z. B. Auftau- oder Kühlzeiten sind nicht mit einbezogen.

Schnelle Teigarten

In diesem Buch finden Sie vor allem einfache Rührteige, schnelle All-in-Teige und Quarkmassen. Natürlich kann man diese Teige wunderbar mit Aromen, Raspelschokolade oder Schokoladenstücken, Rosinen, Nüssen, frischen oder getrockneten Früchten variieren, so dass auch bei der überschaubaren Anzahl der Zutaten keine Kuchenlangeweile aufkommt.

Backofentemperaturen und Einschubhöhe

Die richtig eingestellte Backofentemperatur ist für das Backergebnis ebenso wichtig, wie die Backzeit. Jedoch können die Backzeiten von Gerät zu Gerät abweichen, d.h. kürzer oder länger sein, als die im Rezept angegebene Zeit. Es ist deshalb wichtig auch die Bedienungsanleitung Ihres Backofens zu beachten. Gegen Ende der angegebenen Backzeit sollten die Kuchen genau beobachtet werden. Mit einer Garprobe können Sie prüfen, ob Ihr Kuchen schon durchgebacken ist. In der Regel werden Backbleche und flachere Formen (auf einem Rost) in der Mitte, höhere Formen (auf einem Rost) im unteren Drittel des Backofens eingeschoben. Abweichungen davon sind im jeweiligen Rezept vermerkt.

Abkürzungen		
EL	=	Esslöffel
TL	=	Teelöffel
Msp.	=	Messerspitze
Pck.	=	Packung/Päckchen
g	=	Gramm
kg	=	Kilogramm
ml	=	Milliliter
l	=	Liter
evtl.	=	eventuell
geh.	=	gehäuft
gestr.	=	gestrichen
TK	=	Tiefkühlprodukt
°C	=	Grad Celsius
Ø	=	Durchmesser
BE	=	Broteinheit
E	=	Eiweiß
F	=	Fett
Kh	=	Kohlenhydrate
kcal	=	Kilokalorien
kJ	=	Kilojoule

Schnelle Garnierungen und Verzierungen

Wer einen Blitzkuchen gebacken hat, möchte sich natürlich auch mit der „Dekoration" des Kuchens nicht lang aufhalten. Am einfachsten ist es, einen Kuchen mit Puderzucker oder einer Puderzucker-Kakaopulver-Mischung zu bestäuben. Besonders individuelle Muster erzielen Sie, wenn Sie vor dem Bestäuben noch einige Papierstreifen oder eine Schablone auf die Kuchenoberfläche legen. Die Papierstreifen bzw. die Schablone nach dem Bestäuben vorsichtig vom Kuchen nehmen. Auch streufähige Zuckerartikel wie Zuckersternchen oder -herzen, kurz vor dem Servieren auf den Kuchen gestreut, sind hübsch anzusehen. Schnell ist auch ein Puderzuckerguss gemacht, der auf den erkalteten Kuchen gestrichen bzw. gesprenkelt wird. Dazu können Sie gesiebten Puderzucker mit etwas Wasser, Zitronensaft oder farbigen Fruchtsäften anrühren. Auch Speisefarben eignen sich zum Färben. Zum schnellen Überziehen oder Besprenkeln von Kuchen eignet sich geschmolzene Schokolade bzw. Kuvertüre. Fertige helle und dunkle Kuchenglasuren, die entsprechend der Packungsanleitungen zubereitet werden, sind ebenfalls sehr beliebt und rasch zubereitet. Für schnelle Sahnetupfen, können Sie die vorbereitete Sahnemasse in einen Gefrierbeutel geben, von diesem eine Spitze abschneiden und Sahnemasse in Tupfen auf die Kuchenoberfläche setzen.

Blitzkuchen aus der Springform

Ganz ohne Hexerei – schnelle Kuchen aus dem Backformklassiker.

Fruchtig

Beerenstarke Grützetorte

1 Backofen vorheizen. Für den Teig Mehl mit Backpulver in einer Rührschüssel gut vermischen. Restliche Teigzutaten hinzufügen und mit Handrührgerät mit Rührbesen zunächst kurz auf niedrigster, dann auf höchster Stufe in etwa 2 Minuten zu einem glatten Teig verarbeiten.

2 Den Teig in die vorbereitete Springform geben und glattstreichen. Die Form auf dem Rost im unteren Drittel in den vorgeheizten Backofen schieben.

Ober-/Unterhitze: etwa 180 °C
Heißluft: etwa 160 °C
Backzeit: 20–25 Minuten.

3 Springformrand lösen und entfernen. Den Tortenboden sofort auf einen mit Backpapier belegten Kuchenrost stürzen und erkalten lassen. Gesäuberten Springformrand darumstellen.

4 Für den Belag die Gelatine nach Packungsanleitung einweichen. Einen Becher Rote Grütze in einem kleinen Topf erwärmen. Gelatine leicht ausdrücken und unter Rühren in der warmen Grütze auflösen. Die Masse unter den zweiten Becher Rote Grütze rühren.

5 Rote Grützemasse gleichmäßig auf dem Tortenboden verteilen und etwa 2 Stunden im Kühlschrank kalt stellen.

6 Die Torte in Stücke schneiden und mit der Vanille-Sauce servieren.

Tipp:
Nach Belieben statt Vanille-Sauce die Torte mit Vanille-Eis servieren.

1 Springform
  (Ø 26 cm, gut gefettet, gemehlt)

Für den Teig:
  150 g Weizenmehl
  3 gestr. TL Dr. Oetker Backin
  100 g feinster Zucker
  1 Pck. Dr. Oetker Vanillin-Zucker
  4 Eier (Größe M)
  4 EL Speiseöl,
    z. B. Sonnenblumenöl
  2 EL Obstessig

Für den Belag:
  6 Blatt weiße Gelatine
  2 Becher Rote Grütze aus dem
    Kühlregal (je 500 g)
  250 g Vanille-Sauce aus dem
    Kühlregal

Zubereitungszeit:
15 Minuten, ohne Kühlzeit
Backzeit: 20–25 Minuten

Insgesamt:
E: 65 g, F: 87 g, Kh: 526 g,
kJ: 13397, kcal: 3176,
BE: 44,0

Schneller Aprikosenkuchen | Beliebt

1 Springform
(Ø 26 cm, Boden gefettet)

Für den Belag:
1 Dose Aprikosenhälften
(Abtropfgewicht 480 g)

Für den Teig:
300 g Weizenmehl
1 Pck. Dr. Oetker Backin
200 g weiche Butter oder Margarine
200 g Zucker
1 Pck. Dr. Oetker Bourbon-Vanille-Zucker
1 Msp. gemahlener Zimt
50 g gemahlene Haselnusskerne
4 Eier (Größe M)
50 g Raspelschokolade

1 Für den Belag die Aprikosenhälften in einem Sieb abtropfen lassen. Backofen vorheizen.

2 Für den Teig Mehl mit Backpulver in einer Rührschüssel gut vermischen. Butter oder Margarine, Zucker, Bourbon-Vanille-Zucker, Zimt, Haselnusskerne und Eier hinzufügen, alles mit Handrührgerät mit Rührbesen auf höchster Stufe in 2 Minuten zu einem glatten Teig verarbeiten. Raspelschokolade unterheben.

3 Den Teig in die vorbereitete Springform füllen und glattstreichen. Die Aprikosenhälften mit der Schnittfläche nach unten auf dem Teig verteilen, dabei am Springformrand einen kleinen Rand freilassen.

4 Die Form auf dem Rost im unteren Drittel in den vorgeheizten Backofen schieben.

Ober-/Unterhitze: etwa 180 °C
Heißluft: etwa 160 °C
Backzeit: etwa 60 Minuten.

5 Die Form nach dem Backen auf einen Kuchenrost stellen, nach etwa 10 Minuten den Springformrand lösen und entfernen. Den Kuchen mit dem Springformboden auf dem Kuchenrost erkalten lassen, dann vom Springformboden lösen und auf eine Tortenplatte geben.

Tipp:
Den Kuchen mit etwas Puderzucker bestäuben. Statt der Aprikosenhälften aus der Dose können auch 2 Dosen Mango (in Scheiben geschnitten, Abtropfgewicht je 225 g) verwendet werden.

Zubereitungszeit:
15 Minuten
Backzeit: etwa 60 Minuten

Insgesamt:
E: 71 g, F: 240 g, Kh: 540 g,
kJ: 19440, kcal: 4644,
BE: 45,0

Marmorierter Käsekuchen ohne Boden
Für Kinder

1 Springform
(Ø 26 cm, Boden gefettet)

Für die Quarkmasse:
2 Eier (Größe M)
80 g Zucker
1 EL Zitronensaft
1 Pck. Dr. Oetker Pudding-Pulver Vanille-Geschmack
750 g Magerquark
250 g Mascarpone
125 g Fruchtaufstrich Himbeere oder Himbeerkonfitüre

1 Backofen vorheizen. Für die Quarkmasse Eier mit Zucker und Zitronensaft mit Handrührgerät mit Rührbesen in 1 Minute schaumig rühren. Pudding-Pulver unterrühren. Quark und Mascarpone hinzufügen und ebenfalls unterrühren.

2 Die Masse in die vorbereitete Springform füllen und glattstreichen. Den Fruchtaufstrich oder die Konfitüre mit einem Löffel auf der Quarkmasse verteilen. Mithilfe einer Gabel den Fruchtaufstrich oder die Konfitüre spiralförmig unter die Quarkmasse ziehen. Die Form auf dem Rost im unteren Drittel in den vorgeheizten Backofen schieben.

Ober-/Unterhitze: etwa 180 °C
Heißluft: etwa 160 °C
Backzeit: etwa 60 Minuten.

3 Den gebackenen Kuchen noch etwa 10 Minuten im ausgeschalteten Backofen bei leicht geöffneter Backofentür stehen lassen, erst dann herausnehmen und in der Form auf einem Kuchenrost erkalten lassen. Dann die Springform lösen und entfernen. Den Kuchen auf eine Tortenplatte geben.

Tipp:
Nach Belieben den Kuchen am Rand mit Puderzucker bestäuben.

Zubereitungszeit: 15 Minuten
Backzeit: etwa 60 Minuten

Insgesamt:
E: 122 g, F: 120 g, Kh: 225 g,
kJ: 10724, kcal: 2558,
BE: 18,5

Orangen-Buttermilch-Kuchen | Fruchtig

1 Springform
(Ø 26 cm, Boden gefettet)

Zum Tränken:
125 ml (⅛ l) Orangensaft
125 g Zucker
1 Pck. Dr. Oetker Finesse Geriebene Orangenschale

Für den All-in-Teig:
300 g Weizenmehl
1 Pck. Dr. Oetker Backin
250 g Zucker
1 Pck. Dr. Oetker Vanillin-Zucker
1 Pck. Dr. Oetker Finesse Geriebene Orangenschale
4 Eier (Größe M)
200 g weiche Butter oder Margarine
125 ml (⅛ l) Buttermilch
100 g fein gewürfeltes Orangeat

1 Zum Tränken Orangensaft, Zucker und Orangenschale in einen kleinen Topf geben, unter Rühren zum Kochen bringen und etwa 5 Minuten kochen lassen. Dann den Orangensirup beiseitestellen. Backofen vorheizen.

2 Für den Teig Mehl mit Backpulver in einer Rührschüssel gut vermischen. Zucker, Vanillin-Zucker, Orangenschale, Eier, Butter oder Margarine und Buttermilch hinzufügen. Die Zutaten mit Handrührgerät mit Rührbesen zunächst kurz auf niedrigster, dann auf höchster Stufe in etwa 2 Minuten zu einem glatten Teig verarbeiten. Orangeat unterheben.

3 Den Teig in die vorbereitete Springform geben und glattstreichen. Die Form auf dem Rost in den vorgeheizten Backofen schieben.

Ober-/Unterhitze: etwa 180 °C
Heißluft: etwa 160 °C
Backzeit: etwa 50 Minuten.

4 Die Form auf einen Kuchenrost stellen. Die Kuchenoberfläche mit einem Holzstäbchen mehrmals einstechen und mit dem beiseite gestellten Orangensirup tränken. Den Kuchen etwa 10 Minuten abkühlen lassen, dann aus der Form lösen und auf einem mit Backpapier belegten Kuchenrost erkalten lassen.

Tipp:
Nach Belieben mit Puderzucker bestäuben.

Zubereitungszeit: 15 Minuten
Backzeit: etwa 50 Minuten

Insgesamt:
E: 63 g, F: 199 g, Kh: 697 g,
kJ: 20434, kcal: 4883,
BE: 52,0

Amarettini-Kuchen — Mit Alkohol

1 Springform
(Ø 26 cm, Boden gefettet)

Zum Vorbereiten:
1 Glas entsteinte Sauerkirschen
(Abtropfgewicht 370 g)

Für den All-in-Teig:
200 g Weizenmehl
2 TL Dr. Oetker Backin
100 g Zucker
1 Pck. Dr. Oetker Vanillin-Zucker
1 Prise Salz
3 Eier (Größe M)
2 EL gemahlene Mandeln
3 EL Amarettolikör
125 g weiche Butter
75 g Amarettini
(ital. Mandelgebäck)
2 EL abgezogene, ganze Mandeln

1 Kirschen zuerst in einem Sieb, dann auf Küchenpapier gut abtropfen lassen. Backofen vorheizen.

2 Für den Teig Mehl mit Backpulver in einer Rührschüssel gut vermischen. Zucker, Vanillin-Zucker, Salz, Eier, Mandeln, Likör und Butter hinzufügen. Die Zutaten mit Handrührgerät mit Rührbesen zunächst kurz auf niedrigster, dann auf höchster Stufe in etwa 2 Minuten zu einem glatten Teig verarbeiten. Amarettini und gut abgetropfte Kirschen vorsichtig unterheben.

3 Den Teig in die vorbereitete Springform füllen und glattstreichen. Die Form auf dem Rost in den vorgeheizten Backofen schieben.

Ober-/Unterhitze: etwa 180 °C
Heißluft: etwa 160 °C
Backzeit: 40–50 Minuten.

4 Nach etwa 10 Minuten Backzeit den Kuchen mit den Mandeln bestreuen.

5 Den Kuchen nach dem Backen in der Form etwas abkühlen lassen, dann aus der Form lösen und auf einem mit Backpapier belegten Kuchenrost erkalten lassen.

Tipp:
Den Kuchen nach dem Erkalten mit Puderzucker bestäuben. Dazu Schlagsahne, mit Amarettolikör abgeschmeckt, reichen.

Zubereitungszeit:
15 Minuten
Backzeit: 40–50 Minuten

Insgesamt:
E: 60 g, F: 163 g, Kh: 397 g,
kJ: 14253, kcal: 3400,
BE: 33,5

Gestreifter Orangenkuchen | Titelrezept

1 Springform
(Ø 26 cm, Boden gefettet)

Für den hellen Teig:
150 g Weizenmehl
3 gestr. TL Dr. Oetker Backin
150 g Zucker
1 Pck. Dr. Oetker Vanillin-Zucker
125 g weiche Butter oder
Margarine
2 Eier (Größe M)
75 g gehackte Mandeln

Für den dunklen Teig:
1 EL gesiebtes Kakaopulver
1 Pck. Dr. Oetker Finesse Geriebene
Orangenschale
1–2 EL Orangensaft
40 g Schokotropfen

Zum Bestreichen:
3 EL Orangenmarmelade
1 EL Orangensaft

1 Backofen vorheizen. Für den Teig Mehl mit Backpulver in einer Rührschüssel gut vermischen. Zucker, Vanillin-Zucker, Butter oder Margarine und Eier hinzufügen und alles mit Handrührgerät mit Rührbesen auf höchster Stufe in etwa 2 Minuten zu einem glatten Teig verarbeiten. Mandeln unterheben. Teig halbieren.

2 Für den dunklen Teig unter eine Teighälfte Kakao, Orangenschale und -saft rühren. Schokotropfen unterheben. Mit einem Esslöffel abwechselnd den hellen und den dunklen Teig streifenweise in die Springform einfüllen.

3 Die Form auf dem Rost im unteren Drittel in den vorgeheizten Backofen schieben.

Ober-/Unterhitze: 160–180 °C
Heißluft: 140–160 °C
Backzeit: etwa 25 Minuten.

4 Die Form nach dem Backen auf einen Kuchenrost stellen. Den Kuchen etwa 10 Minuten abkühlen lassen.

5 Zum Bestreichen Orangenmarmelade mit Orangensaft in einem kleinen Topf verrühren und aufkochen lassen. Den Kuchen aus der Form lösen und auf einen mit Backpapier belegten Kuchenrost legen. Den Kuchen mit der warmen Orangenmarmelade einstreichen und erkalten lassen.

Tipp:
Den Kuchen nach dem Bestreichen zusätzlich mit Orangenzesten bestreuen. Statt der Schokotropfen eignet sich auch fein gehackte Zartbitter-Schokolade.

Zubereitungszeit:
15 Minuten, ohne Abkühlzeit
Backzeit: etwa 25 Minuten

Insgesamt:
E: 47 g, F: 170 g, Kh: 360 g,
kJ: 13308, kcal: 3179,
BE: 30,0

Joghurt-Erdbeer-Torte — Für Kinder

1 Springform
(Ø 26 cm, Boden gefettet)

Für den Teig:
150 g Vollmilchjoghurt
2 Eier (Größe M)
150 ml Speiseöl,
z. B. Sonnenblumenöl
2 EL Zitronensaft
150 g Zucker
2 Pck. Dr. Oetker Vanillin-Zucker
200 g Weizenmehl
3 gestr. TL Dr. Oetker Backin

Für den Belag:
400 g Schlagsahne
2–3 Pck. Dr. Oetker Sahnesteif
300 g Erdbeer-Sahne-Joghurt
200 g Erdbeeren

1 Backofen vorheizen. Für den Teig Joghurt, Eier, Öl, Zitronensaft, Zucker und Vanillin-Zucker in eine Rührschüssel geben und mit Handrührgerät mit Rührbesen gut verrühren. Mehl mit Backpulver gut vermischen und kurz unterrühren.

2 Den Teig in die vorbereitete Springform füllen und glattstreichen. Die Springform auf dem Rost im unteren Drittel in den vorgeheizten Backofen schieben.

Ober-/Unterhitze: etwa 180 °C
Heißluft: etwa 160 °C
Backzeit: etwa 30 Minuten.

3 Nach dem Backen den Springformrand entfernen. Tortenboden mit dem Springformboden auf einen Kuchenrost stellen und erkalten lassen.

4 Tortenboden vom Springformboden lösen und auf eine Tortenplatte legen.

5 Für den Belag Sahne mit Sahnesteif steif schlagen. Joghurt unterheben. Creme in einen großen Gefrierbeutel füllen. Eine größere Spitze abschneiden und große Tuffs auf den Tortenboden spritzen.

6 Erdbeeren kurz abspülen, putzen, trocken tupfen und vierteln. Torte mit den Erdbeervierteln garnieren. Torte sofort servieren oder im Kühlschrank kalt stellen.

Zubereitungszeit:
15 Minuten, ohne Abkühlzeit
Backzeit: etwa 30 Minuten

Insgesamt:
E: 56 g, F: 322 g, Kh: 397 g,
kJ: 19939, kcal: 4764,
BE: 33,5

Roter Mandarinen-Kirsch-Kuchen
Fruchtig

1 Springform
(Ø 26 cm, Boden gefettet)

Für den Belag:
- 1 Dose Mandarinen (Abtropfgewicht 175 g)
- 1 Glas Sauerkirschen (Abtropfgewicht etwa 350 g)

Für den Teig:
- 250 g Weizenmehl
- 3 gestr. TL Dr. Oetker Backin
- 1 Pck. Rote Grütze Dessertpulver Himbeer-Geschmack
- 175 g Zucker
- 4 Eier (Größe M)
- 250 g sehr weiche Butter oder Margarine
- 2 EL Kirschsaft (aus dem Glas)

Zum Bestäuben:
etwas Puderzucker

1 Für den Belag Mandarinen und Sauerkirschen jeweils in einem Sieb abtropfen lassen. Dabei den Kirschsaft auffangen und 2 Esslöffel für den Teig abmessen. Den Backofen vorheizen.

2 Für den Teig Mehl mit Backpulver in einer Rührschüssel gut vermischen. Grützepulver unterrühren. Restliche Teigzutaten hinzufügen und alles mit Handrührgerät mit Rührbesen auf höchster Stufe in etwa 2 Minuten zu einem glatten Teig verarbeiten. Die Hälfte der Kirschen unter den Teig heben.

3 Den Teig in die vorbereitete Springform füllen und glattstreichen. Die restlichen Kirschen und die Mandarinen auf dem Teig verteilen. Die Form auf dem Rost im unteren Drittel in den vorgeheizten Backofen schieben.

Ober-/Unterhitze: etwa 180 °C
Heißluft: etwa 160 °C
Backzeit: 40–45 Minuten.

4 Die Form auf einen Kuchenrost stellen, den Springformrand lösen und entfernen. Den Kuchen auf dem Springformboden auf dem Kuchenrost erkalten lassen. Dann erst den Kuchen vom Springformboden lösen. Den Kuchen mit Puderzucker bestäuben.

Zubereitungszeit:
15 Minuten
Backzeit: 40–45 Minuten

Insgesamt:
E: 57 g, F: 239 g, Kh: 499 g,
kJ: 18562, kcal: 4432,
BE: 41,0

Käsekuchen ohne Boden | Gut vorzubereiten

1 Springform
(Ø 26 cm, Boden gefettet)

Für die Quarkmasse:
6 Eiweiß (Größe M)
1 Prise Salz
200 g Schlagsahne
150 g weiche Butter
150 g Zucker
1 Pck. Dr. Oetker Vanillin-Zucker
2 Pck. Dr. Oetker Finesse Geriebene Zitronenschale
Saft von 2 Zitronen
6 Eigelb (Größe M)
750 g Magerquark
2 Pck. Dr. Oetker Pudding-Pulver Vanille-Geschmack

1 Backofen vorheizen. Für die Quarkmasse Eiweiß mit Salz steifschlagen. Restliche Zutaten in eine Rührschüssel geben und mit Handrührgerät mit Rührbesen zunächst auf niedrigster, dann auf höchster Stufe in etwa 2 Minuten zu einer Masse verrühren.

2 Eiweiß unterheben. Die Quarkmasse in die vorbereitete Springform füllen und glattstreichen. Form auf dem Rost in den vorgeheizten Backofen schieben.

Ober-/Unterhitze: etwa 180 °C
Heißluft: etwa 160 °C
Backzeit: etwa 70 Minuten (nach etwa 50 Minuten Backzeit den Kuchen mit Backpapier zudecken, damit die Oberfläche nicht zu stark bräunt).

3 Den gebackenen Kuchen noch etwa 30 Minuten im ausgeschalteten Backofen bei leicht geöffneter Backofentür stehen lassen, erst dann herausnehmen und in der Form auf einem Kuchenrost erkalten lassen.

Tipp:
Nach Belieben den Kuchen am Rand mit Puderzucker bestäuben.
Erfrischend schmeckt der Kuchen, wenn 1 Glas (Einwaage 390 g) sehr gut abgetropfte Stachelbeeren unter die Masse gehoben werden.
Der Kuchen ist gefriergeeignet.

Zubereitungszeit:
15 Minuten
Backzeit: etwa 70 Minuten

Insgesamt:
E: 145 g, F: 228 g, Kh: 260 g,
kJ: 15789, kcal: 3769,
BE: 21,5

Nougat-Kugel-Kuchen | Raffiniert

1 Springform
(Ø 26 cm, Boden gefettet)

Für den Rührteig:
150 g weiche Butter oder
   Margarine
150 g weiche Nuss-Nougat-Creme
70 g Zucker
1 Pck. Dr. Oetker Vanillin-Zucker
½ Pck. Dr. Oetker Finesse
   Geriebene Orangenschale
3 Eier (Größe M)
250 g Weizenmehl
3 gestr. TL Dr. Oetker Backin
50 g gemahlene Haselnusskerne
6 EL Orangensaft
18 Haselnuss-Gebäck-Kugeln
   (etwa 80 g)

Für den Guss:
50 g gesiebter Puderzucker
½ Pck. Dr. Oetker Finesse
   Geriebene Orangenschale
1 EL Orangensaft

1 Backofen vorheizen. Für den Teig Butter oder Margarine und Nuss-Nougat-Creme mit Handrührgerät mit Rührbesen auf höchster Stufe geschmeidig rühren. Nach und nach Zucker, Vanillin-Zucker und Orangenschale unterrühren. So lange rühren, bis eine gebundene Masse entstanden ist.

2 Eier nach und nach unterrühren (jedes Ei etwa ½ Minute). Mehl mit Backpulver gut vermischen und in 2 Portionen auf mittlerer Stufe unterrühren. Haselnusskerne und Orangensaft kurz unterrühren.

3 Den Teig in die vorbereitete Springform füllen und glattstreichen. Haselnuss-Gebäck-Kugeln darauf verteilen und etwas in den Teig drücken.

4 Die Form auf dem Rost im unteren Drittel in den vorgeheizten Backofen schieben.

Ober-/Unterhitze: etwa 180 °C
Heißluft: etwa 160 °C
Backzeit: etwa 30 Minuten.

5 Die Form etwa 10 Minuten auf einen Kuchenrost stellen, dann die Springform lösen und entfernen. Den Kuchen auf einen mit Backpapier belegten Kuchenrost erkalten lassen.

6 Puderzucker mit Orangenschale und Orangensaft zu einem dicklichen Guss verrühren und den Kuchen damit besprenkeln.

Zubereitungszeit:
15 Minuten, ohne Abkühlzeit
Backzeit: etwa 30 Minuten

Insgesamt:
E: 73 g, F: 263 g, Kh: 431 g,
kJ: 18475, kcal: 4416,
BE: 36,0

Streusel-Pflaumen-Kuchen | Fruchtig

1 Springform
(Ø 26 cm, Boden gefettet)

Zum Vorbereiten:
125 g Butter
1 Glas Pflaumen
(Abtropfgewicht 385 g)

Für den Streuselteig:
200 g Weizenmehl
1 gestr. TL Dr. Oetker Backin
100 g Zucker
1 Pck. Dr. Oetker Vanillin-Zucker
1 Prise Salz

Für den Guss:
200 g Schmand
1 Ei (Größe M)
1 Pck. Dr. Oetker Pudding-Pulver
Vanille-Geschmack
50 g Zucker

1 Zum Vorbereiten Butter bei schwacher Hitze in einem kleinen Topf zerlassen, kurz abkühlen lassen. Pflaumen in einem Sieb gut abtropfen lassen. Backofen vorheizen.

2 In der Zwischenzeit Mehl mit Backpulver in einer Rührschüssel gut vermischen. Zucker, Vanillin-Zucker, Salz und zerlassene Butter hinzufügen. Die Zutaten mit Handrührgerät mit Rührbesen zunächst kurz auf niedrigster, dann auf höchster Stufe zu Streuseln verarbeiten.

3 Etwa drei Viertel der Streusel in der vorbereiteten Springform verteilen und zu einem Boden andrücken. Pflaumen darauf verteilen.

4 Für den Guss Schmand, Ei, Pudding-Pulver und Zucker mit einem Schneebesen verrühren. Guss auf die Pflaumen gießen und mit den restlichen Streuseln bestreuen.

5 Die Form auf dem Rost in den vorgeheizten Backofen schieben.

Ober-/Unterhitze: etwa 180 °C
Heißluft: etwa 160 °C
Backzeit: 45–50 Minuten.

6 Die Form auf einen Kuchenrost stellen. Den Kuchen etwa 10 Minuten abkühlen lassen. Dann den Springformrand lösen und entfernen. Den Kuchen mit dem Springformboden auf dem Kuchenrost erkalten lassen. Dann den Springformboden lösen und den Kuchen auf eine Tortenplatte geben.

Tipp:
Zusätzlich kann noch 1 Teelöffel gemahlener Zimt oder etwas geriebene Zitronenschale in den Teig gegeben werden.

Zubereitungszeit:
15 Minuten
Backzeit: 45–50 Minuten

Insgesamt:
E: 35 g, F: 163 g, Kh: 410 g,
kJ: 13724, kcal: 3277,
BE: 34,0

Blitzkuchen vom Blech

Im Handumdrehen gemacht – blitzschneller Genuss vom Blech weg.

Schokoladen-Aprikosen-Kuchen

Für Kinder

1 Aprikosenhälften in einem Sieb abtropfen lassen. Backofen vorheizen.

2 Für den Teig Mehl mit Backpulver und Kakaopulver in einer Rührschüssel gut vermischen. Restliche Zutaten hinzufügen und alles mit Handrührgerät mit Rührbesen auf höchster Stufe in etwa 2 Minuten zu einem glatten Teig verarbeiten.

3 Den Backrahmen in der Größe des Backbleches auf das vorbereitete Backblech stellen. Den Teig einfüllen und glattstreichen. Die Aprikosenhälften mit der Wölbung nach oben auf dem Teig verteilen.

4 Das Backblech im unteren Drittel in den vorgeheizten Backofen schieben.

Ober-/Unterhitze: etwa 180 °C
Heißluft: etwa 160 °C
Backzeit: etwa 30 Minuten.

5 Das Backblech auf einen Kuchenrost stellen und den Kuchen erkalten lassen.

6 Zum Bestreichen den Fruchtaufstrich in einem kleinen Topf zum Kochen bringen und die Aprikosen damit bestreichen.

Tipp:
Es können statt der Aprikosen aus dem Glas auch 18 frische, reife Aprikosen verwendet werden. Die Aprikosen dann abspülen, abtrocknen, halbieren und entsteinen.
Der Kuchen kann auch in einer Fettpfanne zubereitet werden.

---

1 Backblech
(30 x 40 cm, gefettet)
1 Backrahmen

Für den Belag:
2 Dosen Aprikosenhälften
(Abtropfgewicht je 480 g)

Für den Teig:
200 g Weizenmehl
2½ gestr. TL Dr. Oetker Backin
3 EL Kakaopulver
5 Eier (Größe M)
125 g Zucker
200 g weiche Butter
150 g Schokoladenpudding aus dem Kühlregal

Zum Bestreichen:
2 EL Fruchtaufstrich Aprikose
(ohne Fruchtstücke)

Zubereitungszeit:
15 Minuten, ohne Abkühlzeit
Backzeit: etwa 30 Minuten

Insgesamt:
E: 73 g, F: 229 g, Kh: 486 g,
kJ: 18225, kcal: 4352,
BE: 40,5

Streuselkuchen mit Apfelmus | Beliebt

1 Backblech
(30 x 40 cm, gefettet)

Für den Streuselteig:
500 g Weizenmehl
1 Pck. Dr. Oetker Backin
200 g Zucker
1 Pck. Dr. Oetker Vanillin-Zucker
1 gestr. TL gemahlener Zimt
1 Ei (Größe M)
250 g Butter oder Margarine

Für die Füllung:
3 Gläser Apfelmus
(Einwaage je 370 g)
evtl. 100 g Rosinen

1 Backofen vorheizen. Für den Teig Mehl mit Backpulver in einer Rührschüssel gut vermischen. Zucker, Vanillin-Zucker, Zimt, Ei und Butter oder Margarine hinzufügen. Die Zutaten mit Handrührgerät mit Knethaken zunächst kurz auf niedrigster, dann auf höchster Stufe zu Streuseln verarbeiten.

2 Die Hälfte der Streusel auf dem vorbereiteten Backblech verteilen und zu einem Boden andrücken.

3 Für die Füllung Apfelkompott evtl. mit Rosinen verrühren und auf dem Teig verteilen. Restliche Streusel daraufstreuen. Das Backblech in den vorgeheizten Backofen schieben.

Ober-/Unterhitze: 180–200 °C
Heißluft: 160–180 °C
Backzeit: 45–55 Minuten.

4 Das Backblech auf einen Kuchenrost stellen. Den Kuchen erkalten lassen und in Stücke schneiden.

Zubereitungszeit:
15 Minuten
Backzeit: 45–55 Minuten

Insgesamt:
E: 59 g, F: 228 g, Kh: 842 g,
kJ: 24032, kcal: 5746,
BE: 70,0

Espressokuchen mit Vanillequark
Beliebt

1 Backblech
(30 x 40 cm, gefettet)
1 Backrahmen

Zum Vorbereiten:
1 Dose Mandarinen
(Abtropfgewicht 175 g)

Für den Streuselteig:
300 g Weizenmehl
1 EL Instant-Espressopulver
1 EL Kakaopulver
75 g Zucker
250 g sehr weiche Butter

Zum Bestreuen:
125 g Schokotropfen

Für den Quarkbelag:
500 g Vanillequark aus dem
Kühlregal
500 g Magerquark
1 Becher (150 g) Crème fraîche
1 Pck. Dr. Oetker Pudding-Pulver
Vanille-Geschmack
4 Eier (Größe M)
75 g Zucker

1 Zum Vorbereiten die Mandarinen in einem Sieb abtropfen lassen. Backofen vorheizen.

2 Für den Streuselteig Mehl mit Espressopulver und Kakaopulver in einer Rührschüssel gut vermischen. Zucker und Butter hinzufügen. Die Zutaten mit Handrührgerät mit Rührbesen zunächst kurz auf niedrigster, dann auf mittlerer Stufe zu Streuseln verarbeiten.

3 Einen Backrahmen in der Größe des Backbleches auf das vorbereitete Backblech stellen. Die Streusel darin verteilen und mithilfe eines bemehlten Esslöffels zu einem Boden andrücken. 100 g von den Schokotropfen daraufstreuen.

4 Für den Quarkbelag alle Zutaten in eine Rührschüssel geben und mit Handrührgerät mit Rührbesen zu einer glatten Masse verrühren. Die Quarkmasse in den Backrahmen füllen und glattstreichen. Mandarinen darauf verteilen und die restlichen Schokotropfen daraufstreuen.

5 Das Backblech in den vorgeheizten Backofen schieben.

Ober-/Unterhitze: etwa 180 °C
Heißluft: etwa 160 °C
Backzeit: etwa 40 Minuten.

6 Das Backblech auf einen Kuchenrost stellen und den Kuchen erkalten lassen.

Tipp:
Die Schokotropfen können auch durch 100 g Zartbitter-Raspelschokolade ersetzt werden, diese dann direkt unter den Quarkbelag rühren.

Zubereitungszeit:
15 Minuten
Backzeit: etwa 40 Minuten

Insgesamt:
E: 165 g, F: 341 g, Kh: 598 g,
kJ: 25917, kcal: 6198,
BE: 50,0

Kirsch-Joghurt-Kuchen | Für Kinder

1 Backblech
  (30 x 40 cm, gefettet)

Zum Vorbereiten:
  2 Gläser Sauerkirschen
  (Abtropfgewicht 370 g)

Für den Teig:
  300 g Weizenmehl
  1 Pck. Dr. Oetker Backin
  175 g Kirschjoghurt
  150 ml Speiseöl,
    z. B. Sonnenblumenöl
  150 g Zucker
  1 Pck. Dr. Oetker Vanillin-Zucker
  3 Eier (Größe M)
  4 EL Zitronensaft

Für den Guss:
  1 Pck. Tortenguss, klar
  1 Pck. Tortenguss, rot
  250 ml (¼ l) Kirschsaft
  175 g Kirschjoghurt
  1 EL Zucker

1 Die Kirschen in einem Sieb gut abtropfen lassen, dabei den Saft auffangen. Backofen vorheizen.

2 Für den Teig Mehl mit Backpulver in einer Rührschüssel gut vermischen. Restliche Teigzutaten hinzufügen, mit Handrührgerät mit Rührbesen zunächst kurz auf niedrigster, dann auf höchster Stufe in etwa 2 Minuten zu einem glatten Teig verarbeiten.

3 Den Teig auf das vorbereitete Backblech geben und glattstreichen. Die Kirschen darauf verteilen. Das Backblech in den vorgeheizten Backofen schieben.

Ober-/Unterhitze: etwa 200 °C
Heißluft: etwa 180 °C
Backzeit: etwa 25 Minuten.

4 Nach dem Backen den Kuchen auf dem Backblech auf einem Kuchenrost erkalten lassen.

5 Für den Guss das Tortengusspulver nach Packungsanleitung aber mit nur insgesamt 250 ml (¼ l) Saft, dem Joghurt und dem Zucker unter Rühren zubereiten und auf dem Kuchen verteilen, fest werden lassen.

Tipp:
Der Guss kann auch nur mit rotem Tortenguss zubereitet werden, dann wird er dunkler.
Ohne Guss kann der Kuchen gut eingefroren werden.

Zubereitungszeit:
15 Minuten, ohne Abkühlzeit
Backzeit: etwa 25 Minuten

Insgesamt:
E: 68 g, F: 194 g, Kh: 629 g,
kJ: 19311, kcal: 4609,
BE: 52,0

Haselnusskuchen | Beliebt

1 Backblech
(30 x 40 cm, gefettet)

Für den Belag:
150 g Zucker
125 g Butter
200 g gehobelte Haselnusskerne

Für den Knetteig:
375 g Weizenmehl
2 gestr. TL Dr. Oetker Backin
150 g Zucker
1 Pck. Dr. Oetker Vanillin-Zucker
2 Eier (Größe M)
200 g Butter

Zum Bestreichen:
3-4 EL Aprikosenkonfitüre

1 Für den Belag Zucker mit Butter in einen Topf geben und zusammen aufkochen, die Haselnusskerne unterrühren. Den Topf von der Kochstelle nehmen.

2 In der Zwischenzeit Backofen vorheizen. Für den Teig Mehl mit Backpulver in einer Rührschüssel gut vermischen. Restliche Teigzutaten hinzugeben und mit Handrührgerät mit Knethaken zunächst kurz auf niedrigster, dann auf höchster Stufe gut durcharbeiten.

3 Anschließend den Teig auf einer leicht bemehlten Arbeitsfläche zu einem glatten Teig verkneten und auf dem vorbereiteten Backblech ausrollen. Das Backblech in den vorgeheizten Backofen schieben.

Ober-/Unterhitze: etwa 200 °C
Heißluft: etwa 180 °C
Backzeit: etwa 10 Minuten.

4 Den vorgebackenen Boden zuerst mit der Aprikosenkonfitüre und dann mit der Haselnussmasse bestreichen. Das Backblech wieder in den Backofen schieben und den Kuchen **bei der oben angegebenen Backofeneinstellung weitere 10–15 Minuten backen.**

5 Das Backblech auf einen Kuchenrost stellen und den Kuchen erkalten lassen.

Zubereitungszeit:
15 Minuten
Backzeit: 20–25 Minuten

Insgesamt:
E: 76 g, F: 417 g, Kh: 671 g,
kJ: 28349, kcal: 6776,
BE: 56,0

Stachelbeerschnitten mit Marzipanraspeln

Mit Alkohol

1 Backblech
(30 x 40 cm, gefettet)

Für den Belag:
2 Gläser Stachelbeeren
(Abtropfgewicht je 390 g)

Für den Rührteig:
250 g weiche Butter oder Margarine
200 g Zucker
1 Pck. Dr. Oetker Vanillin-Zucker
4 Eier (Größe M)
300 g Weizenmehl
50 g Speisestärke
3 gestr. TL Dr. Oetker Backin
100 ml Eierlikör
30 g Mohnsamen

Zum Bestreuen:
200 g kalte Marzipan-Rohmasse

1 Für den Belag Stachelbeeren in einem Sieb gut abtropfen lassen. Backofen vorheizen.

2 Für den Teig Butter oder Margarine mit Handrührgerät mit Rührbesen auf höchster Stufe geschmeidig rühren. Nach und nach Zucker und Vanillin-Zucker unterrühren. So lange rühren, bis eine gebundene Masse entstanden ist.

3 Eier nach und nach unterrühren (jedes Ei etwa 1/2 Minute). Mehl mit Speisestärke und Backpulver gut vermischen und abwechselnd mit Eierlikör und Mohn auf mittlerer Stufe unterrühren.

4 Den Teig auf das vorbereitete Backblech geben und glattstreichen. Stachelbeeren darauf verteilen.

5 Zum Bestreuen Marzipan-Rohmasse direkt grob auf den Teig raspeln. Das Backblech im unteren Drittel in den vorgeheizten Backofen schieben.

Ober-/Unterhitze: etwa 180 °C
Heißluft: etwa 160 °C
Backzeit: 35–40 Minuten.

6 Das Backblech auf einen Kuchenrost stellen und den Kuchen erkalten lassen.

Tipp:
Der Eierlikör kann auch durch die gleiche Menge Stachelbeersaft aus den Gläsern ersetzt werden.

Zubereitungszeit:
15 Minuten
Backzeit: 35–40 Minuten

Insgesamt:
E: 97 g, F: 335 g, Kh: 706 g,
kJ: 26720, kcal: 6383,
BE: 59,0

Kokosmilchkuchen vom Blech | Für Kinder

1 Backblech
(30 x 40 cm, gefettet, bemehlt)

Für den Teig:
400 g Weizenmehl
3 gestr. TL Dr. Oetker Backin
225 g Zucker
1 Pck. Dr. Oetker Finesse Geriebene Orangenschale
4 Eier (Größe M)
150 g weiche Butter oder Margarine
150 ml Kokosmilch

Für den Guss:
250 g gesiebter Puderzucker
etwa 100 ml Kokosmilch
gelbe und rote Speisefarbe

1 Backofen vorheizen. Für den Teig Mehl mit Backpulver in einer Rührschüssel gut vermischen. Restliche Teigzutaten hinzufügen und mit Handrührgerät mit Rührbesen zunächst kurz auf niedrigster, dann auf höchster Stufe in etwa 2 Minuten zu einem glatten Teig verarbeiten.

2 Teig auf dem vorbereiteten Backblech verteilen und glattstreichen. Das Backblech in den vorgeheizten Backofen schieben.

Ober-/Unterhitze: etwa 180 °C
Heißluft: etwa 160 °C
Backzeit: etwa 20 Minuten.

3 Das Backblech auf einen Kuchenrost stellen. Kuchen erkalten lassen.

4 Für den Guss Puderzucker mit Kokosmilch zu einem dickflüssigen Guss verrühren. Den Kuchen mit etwa zwei Dritteln des Gusses überziehen. Den restlichen Guss in 3 Portionen teilen und mit Speisefarbe rot, gelb und orange einfärben.

5 Den Guss getrennt in Gefrierbeutel füllen, eine kleine Spitze abschneiden und abwechselnd Linien auf den noch feuchten Guss spritzen. Mit einem Holzstäbchen abwechselnd von oben nach unten und von unten nach oben durch den Guss ziehen, so dass geschwungene Linien enstehen.

Zubereitungszeit:
15 Minuten, ohne Abkühlzeit
Backzeit: etwa 20 Minuten

Insgesamt:
E: 69 g, F: 163 g, Kh: 788 g,
kJ: 20635, kcal: 4931,
BE: 65,0

Rhabarber-Amarettini-Schnitten
Fruchtig

1 Backblech
(30 x 40 cm, gefettet)

Für den Belag:
750 g Rhabarber

Für den All-in-Teig:
350 g Weizenmehl
1 Pck. Dr. Oetker Backin
200 g Zucker
1 Pck. Dr. Oetker Bourbon-Vanille-Zucker
200 g weiche Butter oder Margarine
5 Eier (Größe M)
150 g Joghurt
125 g Amarettini
(ital. Mandelgebäck)

1 Für den Belag Rhabarber putzen, abspülen und abtropfen lassen. Stangen in etwa 2 cm lange Stücke schneiden. Backofen vorheizen.

2 Für den All-in-Teig Mehl mit Backpulver in einer Rührschüssel gut vermischen. Zucker, Bourbon-Vanille-Zucker, Butter oder Margarine, Eier und Joghurt hinzufügen und alles mit Handrührgerät mit Rührbesen in etwa 2 Minuten zu einem glatten Teig verarbeiten. Amarettini unterheben.

3 Den Teig auf das vorbereitete Backblech geben und glattstreichen. Rhabarberstücke darauf verteilen. Das Backblech in den vorgeheizten Backofen schieben.

Ober-/Unterhitze: etwa 180 °C
Heißluft: etwa 160 °C
Backzeit: etwa 40 Minuten.

4 Das Backblech auf einen Kuchenrost stellen und den Kuchen erkalten lassen. Den Kuchen zum Servieren in Schnitten schneiden.

Tipp:
Den Kuchen nach Belieben mit Puderzucker bestäuben.

Zubereitungszeit: 15 Minuten
Backzeit: etwa 40 Minuten

Insgesamt:
E: 86 g, F: 217 g, Kh: 578 g,
kJ: 19657, kcal: 4689,
BE: 48,0

Nusskuchen mit Guss | Einfach

1 Backblech
(30 x 40 cm, gefettet,
mit Backpapier belegt)

Für den Teig:
125 g weiche Butter oder
Margarine
125 g Zucker
1 Pck. Dr. Oetker Vanillin-Zucker
1 Prise Salz
8 Eigelb (Größe M)
300 g gemahlene Haselnusskerne
50 g gehobelte Haselnusskerne
1 gestr. TL Dr. Oetker Backin
8 Eiweiß (Größe M)

Für den Guss:
200 g Nuss-Glasur
oder
200 g Nuss-Nougat-Creme
2 EL Speiseöl,
z. B. Sonnenblumenöl

Zum Bestreuen:
etwa 20 g gehobelte
Haselnusskerne

1 Für den Teig Butter oder Margarine mit Handrührgerät mit Rührbesen auf höchster Stufe geschmeidig rühren. Nach und nach Zucker, Vanillin-Zucker und Salz unterrühren. So lange rühren, bis eine gebundene Masse entstanden ist. Eigelb nach und nach unterrühren.

2 Haselnusskerne mit Backpulver mischen und in 2 Portionen auf mittlerer Stufe unterrühren. Eiweiß steifschlagen und unterheben. Den Teig auf das vorbereitete Backblech streichen. Das Backblech in den vorgeheizten Backofen schieben.

Ober-/Unterhitze: etwa 180 °C
Heißluft: etwa 160 °C
Backzeit: 20–25 Minuten.

3 Den Kuchen sofort nach dem Backen auf einen mit Backpapier belegten Kuchenrost stürzen, mitgebackenes Backpapier abziehen und den Kuchen erkalten lassen.

4 Für den Guss die Nuss-Glasur nach Packungsanleitung auflösen oder die Nuss-Nougat-Creme mit Speiseöl in einem kleinen Topf im Wasserbad zu einer geschmeidigen Masse verrühren. Den Kuchen damit bestreichen und mit den Haselnüssen bestreuen. Guss fest werden lassen.

Tipp:
Besonders gut schmeckt auch folgender Kaffeeguss: Dazu 200 g gesiebten Puderzucker mit einem gehäuften Teelöffel löslichem Kaffeepulver, 150 g saurer Sahne, 2–3 Esslöffeln heißem Wasser und 20 g zerlassener Butter verrühren. Den Kuchen damit bestreichen.

Zubereitungszeit:
15 Minuten, ohne Abkühlzeit
Backzeit: 20–25 Minuten

Insgesamt:
E: 110 g, F: 465 g, Kh: 282 g,
kJ: 23997, kcal: 5727,
BE: 23,5

Mandarinen-Kokos-Kuchen — Für Gäste

1 Backblech
(30 x 40 cm, gefettet, gemehlt)

Zum Vorbereiten:
2 Dosen Mandarinen
(Abtropfgewicht je 175 g)

Für den All-in-Teig:
300 g Weizenmehl
4 gestr. TL Dr. Oetker Backin
100 g Kokosraspel
250 g gesiebter Puderzucker
1 Pck. Dr. Oetker Finesse
  Geriebene Orangenschale
200 ml Speiseöl,
  z. B. Sonnenblumenöl
150 ml Orangensaft
5 Eier (Größe M)

Zum Bestreuen:
2 EL Raspelschokolade
1 EL Kokosraspel

1 Für den Belag Mandarinen in einem Sieb abtropfen lassen. Backofen vorheizen.

2 Für den Teig Mehl mit Backpulver in einer Rührschüssel gut vermischen. Kokosraspel, Puderzucker, Orangenschale, Speiseöl, Orangensaft und Eier hinzufügen, alles mit Handrührgerät mit Rührbesen auf höchster Stufe in etwa 2 Minuten zu einem glatten Teig verarbeiten.

3 Den Teig auf das vorbereitete Backblech geben und glattstreichen. Mandarinen darauf verteilen. Das Backblech in den vorgeheizten Backofen schieben.

Ober-/Unterhitze: etwa 180 °C
Heißluft: etwa 160 °C
Backzeit: etwa 25 Minuten.

4 Das Backblech auf einen Kuchenrost stellen und den noch heißen Kuchen sofort mit Raspelschokolade und Kokosraspeln bestreuen. Den Kuchen erkalten lassen.

Tipp:
Die Kokosraspel in einer Pfanne ohne Fett leicht rösten und erkalten lassen. Dann wie im Rezept angegeben weiterverarbeiten.

Zubereitungszeit:
15 Minuten
Backzeit: etwa 25 Minuten

Insgesamt:
E: 77 g, F: 323 g, Kh: 577 g,
kJ: 23160, kcal: 5532,
BE: 48,0

Schneller Butter-Mandel-Kuchen

Klassisch

1 Backblech
(30 x 40 cm, gefettet)

Für den Hefeteig:
375 g Weizenmehl
1 Pck. Dr. Oetker Hefeteig Garant
50 g Zucker
1 Prise Salz
1 Ei (Größe M)
50 g weiche Butter
200 ml lauwarme Milch

Zum Bestreichen und Bestreuen:
100 g weiche Butter
100 g abgezogene, gehobelte Mandeln
75 g Zucker

1 Backofen vorheizen. Für den Teig Mehl mit Hefeteig Garant in einer Rührschüssel sorgfältig vermischen. Zucker, Salz, Ei, Butter und Milch hinzufügen.

2 Die Zutaten mit Handrührgerät mit Knethaken zunächst kurz auf niedrigster, dann auf höchster Stufe in etwa 2 Minuten zu einem glatten Teig verarbeiten.

3 Den Teig auf dem vorbereiteten Backblech ausrollen und mit Butter bestreichen. Zucker und Mandeln daraufstreuen. Den Teig noch etwa 5 Minuten ruhen lassen, dann das Backblech in den vorgeheizten Backofen schieben.

Ober-/Unterhitze: etwa 200 °C
Heißluft: etwa 180 °C
Backzeit: etwa 15 Minuten.

4 Das Backblech auf einen Kuchenrost stellen. Den Kuchen erkalten lassen und in beliebig große Stücke schneiden.

Zubereitungszeit:
15 Minuten
Backzeit: etwa 15 Minuten

Insgesamt:
E: 71 g, F: 203 g, Kh: 406 g,
kJ: 16008, kcal: 3825,
BE: 33,5

Makronenkuchen | Einfach

1 Backblech
  (30 x 40 cm, gefettet)

Für den All-in-Teig:
  300 g Weizenmehl
  2 gestr. TL Dr. Oetker Backin
  125 g Zucker
  1 Pck. Dr. Oetker Vanillin-Zucker
  1 Prise Salz
  4 Eigelb (Größe M)
  200 g weiche Butter oder
    Margarine
  200 ml Milch

Für den Belag:
  4 Eiweiß (Größe M)
  200 g Zucker
  200 g Kokosraspel

1 Backofen vorheizen. Für den Teig Mehl mit Backpulver in einer Rührschüssel gut vermischen. Zucker, Vanillin-Zucker, Salz, Eigelb, Butter oder Margarine und Milch hinzufügen. Die Zutaten mit Handrührgerät mit Rührbesen zunächst kurz auf niedrigster, dann auf höchster Stufe in etwa 2 Minuten zu einem glatten Teig verarbeiten.

2 Den Teig auf das vorbereitete Backblech geben und glattstreichen. Das Backblech in den vorgeheizten Backofen schieben und den Boden vorbacken.

Ober-/Unterhitze: etwa 180 °C
Heißluft: etwa 160 °C
Backzeit: etwa 20 Minuten.

3 Für den Belag Eiweiß steif schlagen, Zucker nach und nach hinzufügen, Kokosraspel vorsichtig unterheben. Die Masse auf dem vorgebackenen Boden verteilen. Nach Belieben die Oberfläche mithilfe eines Tortengarnierkammes wellenförmig verzieren. Das Backblech wieder in den Backofen schieben und den Kuchen fertig backen.

Ober-/Unterhitze: etwa 160 °C
Heißluft: etwa 140 °C
Backzeit: etwa 15 Minuten.

4 Das Backblech auf einen Kuchenrost stellen, den Kuchen erkalten lassen. Nach Belieben in Rauten, Rechtecke oder Quadrate schneiden.

Tipp:
Das Gebäck kann mehrere Tage in einer gut schließenden Dose aufbewahrt werden. Den erkalteten Makronenkuchen mit aufgelöster Schokolade besprenkeln.

Zubereitungszeit:
15 Minuten
Backzeit: etwa 35 Minuten

Insgesamt:
E: 76 g, F: 336 g, Kh: 566 g,
kJ: 23523, kcal: 5622,
BE: 46,5

Wolken-Streusel-Kuchen | Für Kinder

1 Backblech
(30 x 40 cm, gefettet)

Für die Quarkmasse:

1,5 kg Magerquark
250 g Mascarpone
250 g Schlagsahne
250 g Zucker
1 Pck. Dr. Oetker Finesse Geriebene
Zitronenschale
2 Pck. Dr. Oetker Pudding-Pulver
Vanille-Geschmack oder Grieß
7 Eier (Größe M)

Für die Streuselwolken:

150 g Weizenmehl
10 g Kakaopulver
75 g Zucker
1 Pck. Dr. Oetker Vanillin-Zucker
100 g weiche Butter

1 Backofen vorheizen. Für die Quarkmasse alle Zutaten in eine große Rühr-schüssel geben und mit Handrührgerät mit Rührbesen gut verrühren.

2 Einen Backrahmen in der Größe des Backbleches auf das vorbereitete Back-blech stellen. Die Quarkmasse hineingeben und glattstreichen.

3 Für die Streusel die Zutaten in eine Rührschüssel geben und mit Handrühr-gerät mit Rührbesen zunächst kurz auf niedrigster, dann auf mittlerer Stufe zu dickeren Streuseln verarbeiten.

4 Jeweils einen Esslöffel von den Streuseln wolkenartig zusammendrücken und die Streuselwolken auf der Quarkmasse verteilen.

5 Das Backblech im unteren Drittel in den vorgeheizten Backofen schieben.

Ober-/Unterhitze: 160–180 °C
Heißluft: 140–160 °C
Backzeit: etwa 60 Minuten.

6 Den Kuchen noch etwa 20 Minuten im ausgeschalteten Backofen, bei leicht geöffneter Backofentür stehen lassen. Dann das Backblech auf einen Kuchen-rost stellen und den Kuchen erkalten lassen. Den Kuchen zum Servieren in Stücke schneiden.

Zubereitungszeit:
15 Minuten, ohne Abkühlzeit
Backzeit: etwa 60 Minuten

Insgesamt:
E: 277 g, F: 321 g, Kh: 569 g,
kJ: 26979, kcal: 6441,
BE: 47,5

Fruchtig gefüllte Blätterteigkissen

Für Gäste (6 Stück)

1 Backblech
  (30 x 40 cm, mit Backpapier
  belegt)

450 g TK-Blätterteig

Für die Füllung:
125 g Marzipan-Rohmasse
100 g Fruchtaufstrich Kirsch oder
  Kirschkonfitüre

Zum Bestreichen und Bestreuen:
1 Eiweiß
1 Eigelb
1 EL Milch
25 g gehobelte Mandeln

1 Blätterteigplatten nebeneinander zugedeckt nach Packungsanleitung auftauen lassen.

2 Die Teigplatten aufeinander legen und auf einer bemehlten Arbeitsfläche zu einem Rechteck (etwa 48 cm x 30 cm) ausrollen. Aus dem Rechteck 6 Streifen (etwa 8 x 30 cm) schneiden.

3 Backofen vorheizen. Marzipan mit einer Gabel zerdrücken und mit dem Fruchtaufstrich oder der Kirschkonfitüre gut vermischen. Marzipanmasse in einen Gefrierbeutel füllen. Eine Spitze abschneiden.

4 Auf die Hälfte jedes Teigstreifens mittig einen etwa 14 cm langen Marzipanstreifen spritzen, dabei einen kleinen Rand frei lassen.

5 Mit einem Pinsel Eiweiß um die Marzipanstreifen streichen. Jeweils die andere Teighälfte über die Marzipanstreifen klappen und an den Seiten gut andrücken.

6 Die Teigstangen nicht zu dicht auf das vorbereitete Backblech legen. Eigelb mit Milch verschlagen und die Teigstangen damit bestreichen, mit Mandeln bestreuen.

7 Das Backblech in den vorgeheizten Backofen schieben.

Ober-/ Unterhitze: etwa 200 °C
Heißluft: etwa 180 °C
Backzeit: etwa 20 Minuten.

8 Die Blätterteigkissen mit dem Backpapier auf einen Kuchenrost ziehen und erkalten lassen.

Tipp:
Die Blätterteigkissen nach Belieben mit einem Puderzuckerguss besprenkeln. Dazu 50 g gesiebten Puderzucker mit 2 Teelöffeln Wasser verrühren.

Zubereitungszeit:
15 Minuten, ohne Auftauzeit
Backzeit: etwa 20 Minuten

Insgesamt:
E: 54 g, F: 170 g, Kh: 282 g,
kJ: 12033, kcal: 2875,
BE: 23,5

Blitzkuchen mit Kandis — Einfach

1 Backblech
(30 x 40 cm, gefettet)

Für den Rührteig:
300 g Butter oder Margarine
200 g Zucker
1 Pck. Dr. Oetker Vanillin-Zucker
1 Prise Salz
5 Eier (Größe M)
300 g Weizenmehl
2 gestr. TL Dr. Oetker Backin
100 g abgezogene, gemahlene Mandeln

Zum Bestreuen:
100 g abgezogene, gehackte Mandeln
50 g abgezogene, gehobelte Mandeln
100 g brauner Grümmel (Kandis)

1 Backofen vorheizen. Für den Teig Butter oder Margarine mit Handrührgerät mit Rührbesen auf höchster Stufe geschmeidig rühren. Nach und nach Zucker und Vanillin-Zucker unterrühren. So lange rühren, bis eine gebundene Masse entstanden ist.

2 Eier nach und nach unterrühren (jedes Ei etwa ½ Minute). Mehl mit Backpulver gut vermischen und portionsweise auf mittlerer Stufe unter den Teig rühren. Zuletzt die Mandeln unterheben.

3 Den Teig auf das vorbereitete Backblech geben und glattstreichen. Zum Bestreuen gehackte und gehobelte Mandeln mit Kandis mischen und auf den Teig streuen. Das Backblech in den vorgeheizten Backofen schieben.

Ober-/Unterhitze: etwa 180 °C
Heißluft: etwa 160 °C
Backzeit: etwa 35 Minuten.

4 Das Backblech auf einen Kuchenrost stellen und den Kuchen erkalten lassen.

Zubereitungszeit:
15 Minuten
Backzeit: etwa 35 Minuten

Insgesamt:
E: 112 g, F: 426 g, Kh: 528 g,
kJ: 26834, kcal: 6412,
BE: 43,5

Knusper-Müsli-Kuchen | Beliebt

1 Backblech
(30 x 40 cm, gefettet)

Für den All-in-Teig:
250 g Weizenmehl
3 gestr. TL Dr. Oetker Backin
200 g Zucker
200 g gemahlene Haselnusskerne
1 Msp. gemahlener Zimt
4 Eier (Größe M)
250 g weiche Butter oder
   Margarine
50 ml Milch

Für den Belag:
2 Gläser Apfelkompott
   (Einwaage je 360 g)
200 g Knuspermüsli

Zum Bestreichen:
3 EL Fruchtaufstrich Aprikose
   (ohne Fruchtstücke)

1 Backofen vorheizen. Für den Teig Mehl mit Backpulver in einer Rührschüssel gut vermischen. Zucker, Haselnusskerne, Zimt, Eier, Butter oder Margarine und Milch hinzufügen. Die Zutaten mit Handrührgerät mit Rührbesen zunächst kurz auf niedrigster, dann auf höchster Stufe in etwa 2 Minuten zu einem glatten Teig verarbeiten.

2 Den Teig auf das vorbereitete Backblech geben und glattstreichen. Apfelkompott darauf verteilen und mit Knuspermüsli bestreuen. Das Backblech im unteren Drittel in den vorgeheizten Backofen schieben.

Ober-/Unterhitze: etwa 180 °C
Heißluft: etwa 160 °C
Backzeit: etwa 30 Minuten.

3 Das Backblech auf einen Kuchenrost stellen, den Kuchen erkalten lassen.

4 Zum Bestreichen den Fruchtaufstrich in einem kleinen Topf zum Kochen bringen und den Kuchen damit überziehen.

Tipp:
Den Kuchen mit Vanille-Sahne servieren. Aromatischer wird der Kuchen, wenn Sie für den Teig die Milch durch Rum ersetzen. Statt Knuspermüsli können Sie nach Belieben auch Apfel-Zimt-Müsli verwenden.

Zubereitungszeit:
15 Minuten, ohne Abkühlzeit
Backzeit: etwa 30 Minuten

Insgesamt:
E: 99 g, F: 398 g, Kh: 668 g,
kJ: 27973, kcal: 6678,
BE: 55,5

Affen-Butter-Kuchen
Für Gäste

1 Backblech
(30 x 40 cm, gefettet)

Für den Hefeteig:
250 g Weizenmehl
1 Pck. Dr. Oetker Hefeteig Garant
50 g Zucker
1 Pck. Dr. Oetker Vanillin-Zucker
50 g weiche Butter oder Margarine
100 ml Milch

Für den Belag:
100 g Erdnusscreme
80 g weiche Butter
50 g Zucker
150 g Erdnusskerne, ungesalzen
100 g Schlagsahne

1 Backofen vorheizen. Für den Teig Mehl mit Hefeteig Garant in einer Rührschüssel sorgfältig vermischen. Zucker, Vanillin-Zucker, Milch und Butter hinzufügen. Die Zutaten mit Handrührgerät mit Knethaken zunächst kurz auf niedrigster, dann auf höchster Stufe in etwa 2 Minuten zu einem glatten Teig verarbeiten. Den Teig auf dem vorbereiteten Backblech ausrollen.

2 Für den Belag die Erdnusscreme mit Butter verrühren und auf dem Teig vorsichtig verstreichen. Zucker daraufstreuen. Erdnusskerne auf dem Teig verteilen. Den Teig noch etwa 5 Minuten ruhen lassen, dann das Backblech im unteren Drittel in den vorgeheizten Backofen schieben.

Ober-/Unterhitze: etwa 200 °C
Heißluft: etwa 180 °C
Backzeit: etwa 15 Minuten.

3 Das Backblech auf einen Kuchenrost stellen. Die flüssige Sahne mit einem Löffel auf dem Kuchen verteilen. Kuchen erkalten lassen.

Tipp:
Sind die Erdnusskerne gesalzen, muss man sie vorher unter fließendem kalten Wasser kurz abspülen und mit Küchenpapier trocken tupfen. Nach Belieben Erdnusskerne grob hacken.

Zubereitungszeit:
15 Minuten
Backzeit: etwa 15 Minuten

Insgesamt:
E: 96 g, F: 279 g, Kh: 320 g,
kJ: 17783, kcal: 4254,
BE: 27,0

Limettenkuchen | Einfach

1 Backblech
(30 x 40 cm, gefettet)

Für den Teig:
250 g Weizenmehl
2 gestr. TL Dr. Oetker Backin
1 Pck. Dr. Oetker Pudding-Pulver Vanille-Geschmack
250 g Zucker
2 Pck. Dr. Oetker Bourbon-Vanille-Zucker
3 EL Limettensaft
1 Pck. Dr. Oetker Finesse Geriebene Zitronenschale
4 Eier (Größe M)
250 g weiche Butter oder Margarine

Für den Guss:
150 g gesiebter Puderzucker
etwa 50 ml Limettensaft

1 Backofen vorheizen. Für den Teig Mehl mit Backpulver und Pudding-Pulver in einer Rührschüssel gut vermischen. Restliche Teigzutaten hinzufügen und mit Handrührgerät mit Rührbesen zunächst kurz auf niedrigster, dann auf höchster Stufe in etwa 2 Minuten zu einem glatten Teig verarbeiten.

2 Den Teig auf das vorbereitete Backblech geben und glattstreichen. Das Backblech in den vorgeheizten Backofen schieben.

Ober-/Unterhitze: etwa 180 °C
Heißluft: etwa 160 °C
Backzeit: etwa 30 Minuten.

3 Das Backblech auf einen Kuchenrost stellen. Den Kuchen erkalten lassen.

4 Für den Guss Puderzucker und Limettensaft zu einem dickflüssigen Guss verrühren. Den Kuchen damit überziehen. Guss fest werden lassen.

Tipp:
Limettenzesten von 1-2 gewaschenen Bio-Limetten (unbehandelt, ungewachst) auf dem noch flüssigen Guss verteilen.

Zubereitungszeit:
15 Minuten, ohne Abkühlzeit
Backzeit: etwa 30 Minuten

Insgesamt:
E: 53 g, F: 243 g, Kh: 628 g,
kJ: 20765, kcal: 4960,
BE: 52,5

Blitzkuchen aus Gugelhupf-, Kasten-, Tarteformen & Co.

Kuchen wie von Zauberhand – schnell in eine andere Form gebracht.

Preiswert

Durstige Liese

1 Backofen vorheizen. Für den Teig Butter oder Margarine mit Handrührgerät mit Rührbesen auf höchster Stufe geschmeidig rühren. Nach und nach Zucker und Vanillin-Zucker unterrühren. So lange rühren, bis eine gebundene Masse entstanden ist.

2 Eier nach und nach unterrühren (jedes Ei etwa ½ Minute). Mehl mit Speisestärke, Backpulver und Zitronenschale gut vermischen und auf mittlerer Stufe unterrühren.

3 Den Teig in die vorbereitete Gugelhupfform füllen. Die Form auf dem Rost in den vorgeheizten Backofen schieben.

Ober-/Unterhitze: etwa 180 °C
Heißluft: etwa 160 °C
Backzeit: etwa 45 Minuten.

4 Den Kuchen etwa 10 Minuten in der Form stehen lassen, dann auf einen mit Backpapier belegten Kuchenrost stürzen. Den Kuchen mit einem Holzstäbchen mehrmals einstechen und mit Orangen- und Zitronensaft (evtl. mit Zucker verrührt) beträufeln.

Tipp:
Der Teig kann auch als Blechkuchen gebacken werden. Dazu den Teig auf ein Backblech (30 x 40 cm, gefettet) streichen und etwa 30 Minuten bei gleicher Backtemperatur backen.

1 Gugelhupfform
(Ø 22 cm, gefettet)

Für den Rührteig:
200 g Butter oder Margarine
200 g Zucker
1 Pck. Dr. Oetker Vanillin-Zucker
4 Eier (Größe M)
200 g Weizenmehl
50 g Speisestärke
2 gestr. TL Dr. Oetker Backin
1 Pck. Dr. Oetker Finesse Geriebene Zitronenschale

Zum Beträufeln:
150 ml Orangensaft
50 ml Zitronensaft
evtl. 1 EL Zucker

Zubereitungszeit:
15 Minuten, ohne Abkühlzeit
Backzeit: etwa 45 Minuten

Insgesamt:
E: 48 g, F: 197 g, Kh: 410 g,
kJ: 15291, kcal: 3654,
BE: 34,0

Nusskuchen im Knuspermantel

Gut vorzubereiten

1 Kastenform
(25 x 11 cm, gefettet, gemehlt)

Für den Teig:
5 Eier (Größe M)
200 g Zucker
1 Pck. Dr. Oetker Vanillin-Zucker
350 g gemahlene Haselnusskerne
40 g Semmelbrösel
2 gestr. TL Dr. Oetker Backin

Für den Guss:
100 g Zartbitter-Schokolade
5 EL Schlagsahne

Zum Bestreuen:
etwa 50 g gehobelte Haselnusskerne

1 Backofen vorheizen. Für den Teig Eier, Zucker und Vanillin-Zucker mit Handrührgerät mit Rührbesen auf höchster Stufe etwa 1 Minute schlagen. Nach und nach Haselnusskerne auf mittlerer Stufe unterrühren.

2 Semmelbrösel mit Backpulver mischen, kurz auf niedrigster Stufe unterrühren. Den Teig in die vorbereitete Kastenform füllen. Die Form auf dem Rost in den vorgeheizten Backofen schieben.

Ober-/Unterhitze: etwa 180 °C
Heißluft: etwa 160 °C
Backzeit: etwa 60 Minuten (nach etwa 40 Minuten den Kuchen mit Backpapier zudecken, damit er nicht zu stark bräunt).

3 Die Form auf einen Kuchenrost stellen und den Kuchen etwa 10 Minuten abkühlen lassen. Dann den Kuchen vorsichtig aus der Form lösen und auf einen mit Backpapier belegten Kuchenrost stürzen. Kuchen erkalten lassen.

4 Für den Guss Zartbitter-Schokolade in kleine Stücke brechen, mit Sahne in einem kleinen Topf im Wasserbad bei schwacher Hitze geschmeidig rühren. Den Kuchen damit bestreichen und Kuchenoberfläche und -seiten mit den Haselnusskernen bestreuen.

Tipp:
Dieser Guss lässt sich sehr gut schneiden, da er nicht splittert. Der Kuchen kann aber auch nur mit 150 g aufgelöster und mit 1 Esslöffel Speiseöl verrührter Schokolade überzogen werden. Der Kuchen schmeckt noch intensiver nach Nüssen, wenn die gemahlenen Nüsse vorher bei Ober-/Unterhitze bei etwa 200 °C auf einem Backblech etwa 10 Minuten bräunen. Die Nüsse zwischendurch einmal durchrühren.

Zubereitungszeit:
15 Minuten, ohne Abkühlzeit
Backzeit: etwa 60 Minuten

Insgesamt:
E: 96 g, F: 330 g, Kh: 330 g,
kJ: 19475, kcal: 4652,
BE: 27,5

Himbeer-Haferflocken-Tarte | Fruchtig

1 Tarteform
  (Ø etwa 28 cm, gefettet)

Für den Teig:
  200 g Weizenmehl
  2 gestr. TL Dr. Oetker Backin
  30 g blütenzarte Haferflocken
  120 g Zucker
  1 Pck. Dr. Oetker Bourbon-Vanille-Zucker
  3 Eier (Größe M)
  4 EL Milch
  100 g weiche Butter oder Margarine
  300 g TK-Himbeeren

Für den Guss:
  200 g Schlagsahne

1 Backofen vorheizen. Für den Teig Mehl mit Backpulver in einer Rührschüssel gut vermischen. Restliche Teigzutaten hinzufügen und mit Handrührgerät mit Rührbesen auf höchster Stufe zu einem glatten Teig verarbeiten.

2 Den Teig in die vorbereitete Tarteform füllen und glattstreichen. Die gefrorenen Himbeeren darauf verteilen. Die Form auf dem Rost in den vorgeheizten Backofen schieben.

Ober-/Unterhitze: etwa 180 °C
Heißluft: etwa 160 °C
Backzeit: etwa 35 Minuten.

3 Die Form auf einen Kuchenrost stellen und die Sahne nach und nach auf der heißen Tarte verteilen. Die Tarte in der Form erkalten lassen.

Tipp:
Nachdem die Sahne auf die Tarte gegeben wurde, zusätzlich 30 g geröstete Mandelblättchen daraufstreuen.

Zubereitungszeit:
15 Minuten
Backzeit: etwa 35 Minuten

Insgesamt:
E: 55 g, F: 174 g, Kh: 311 g,
kJ: 12944, kcal: 3091,
BE: 26,0

Schoko-Bananen-Kuchen

Für Kinder

1 Kastenform
 (30 x 11 cm, gefettet)

Für den Teig:
 100 g Edelbitter-Schokolade
 (60 % Kakao)
 170 g weiche Butter
 2 feste Bananen
 270 g Weizenmehl
 3 gestr. TL Dr. Oetker Backin
 150 g Zucker
 1 Pck. Dr. Oetker Vanillin-Zucker
 4 Eier (Größe M)
 150 ml Bananenfruchtsaftgetränk

1 Für den Teig Schokolade in Stücke brechen, mit der Butter in einem Topf im Wasserbad auflösen. Bananen schälen und in feine Würfel schneiden.

2 Backofen vorheizen. Mehl mit Backpulver in einer Rührschüssel gut vermischen, Zucker und Vanillin-Zucker unterrühren. Eier und Bananenfruchtsaftgetränk hinzufügen und mit Handrührgerät mit Rührbesen zunächst kurz auf niedrigster, dann auf höchster Stufe in etwa 1 Minute verrühren. Butter-Schoko-Masse hinzufügen und in etwa 1 Minute zu einem glatten Teig verarbeiten. Bananenwürfel unterrühren.

3 Den Teig in die vorbereitete Kastenform füllen und die Form auf dem Rost in den vorgeheizten Backofen schieben.

Ober-/Unterhitze: etwa 180 °C
Heißluft: etwa 160 °C
Backzeit: 45–55 Minuten.

4 Den Kuchen nach dem Backen 10 Minuten in der Form stehen lassen, dann auf einen mit Backpapier belegten Kuchenrost stürzen. Den Kuchen erkalten lassen.

Tipp:
Nach Belieben den warmen Kuchen mit 50 g gehackter Vollmilchschokolade bestreuen. Schokolade leicht andrücken oder mit Puderzucker bestäuben.

Zubereitungszeit:
15 Minuten
Backzeit: 45–55 Minuten

Insgesamt:
E: 68 g, F: 191 g, Kh: 465 g,
kJ: 16282, kcal: 3889,
BE: 39,0

Fruchtiger Gugelhupf Einfach

1 Gugelhupfform
(Ø 22 cm, gefettet, gemehlt)

Zum Vorbereiten:
75 g Amarettini
(ital. Mandelgebäck)

Für den Teig:
300 g Weizenmehl
4 gestr. TL Dr. Oetker Backin
150 g Zucker
1 Pck. Dr. Oetker Bourbon-Vanille-Zucker
1 Pck. Dr. Oetker Finesse Geriebene Zitronenschale
3 Eier (Größe M)
125 g Magerquark
150 g weiche Butter oder Margarine
200 g TK-Himbeeren

1 Amarettini in einen Gefrierbeutel geben, diesen verschließen und die Amarettini mit einer Teigrolle grob zerkleinern.

2 Für den Teig Mehl mit Backpulver in einer Rührschüssel gut vermischen. Zucker, Bourbon-Vanille-Zucker, Zitronenschale, Eier, Quark und Butter oder Margarine hinzufügen und alles mit Handrührgerät mit Rührbesen in etwa 2 Minuten zu einem glatten Teig verarbeiten.

3 Amarettinibrösel unterrühren und Himbeeren vorsichtig unterheben. Den Teig in die vorbereitete Gugelhupfform füllen. Die Form auf dem Rost im unteren Drittel in den vorgeheizten Backofen schieben.

Ober-/Unterhitze: etwa 180 °C
Heißluft: etwa 160 °C
Backzeit: etwa 55 Minuten.

4 Den Kuchen nach dem Backen auf einen Kuchenrost stellen und etwa 10 Minuten abkühlen lassen. Den Kuchen dann auf einen mit Backpapier belegten Kuchenrost stürzen und den Kuchen erkalten lassen.

Tipp:
Den Kuchen nach Belieben mit geschmolzener weißer Schokolade besprenkeln. Statt der TK-Himbeeren können auch 200 g frische, verlesene Himbeeren oder entsteinte Sauerkirschen verwendet werden.

Zubereitungszeit:
15 Minuten
Backzeit: etwa 55 Minuten

Insgesamt:
E: 75 g, F: 153 g, Kh: 456 g,
kJ: 14880, kcal: 3551,
BE: 38,0

Waldmeistertörtchen | Für Kinder

1 Muffinform (für 12 Muffins)
12 Papierbackförmchen

Für den Teig:
65 g Weizenmehl
1 gestr. TL Dr. Oetker Backin
60 g Zucker
½ Pck. Dr. Oetker Vanillin-Zucker
2 Eier (Größe M)
1½ EL Speiseöl,
   z. B. Sonnenblumenöl
knapp 1 EL Obstessig

20 g Haselnuss-Krokant

Für die Creme:
200 g Schlagsahne
1 Pck. Dr. Oetker Sahnesteif
½ TL Zucker
½ Pck. Dr. Oetker Vanillin-Zucker
125 g Götterspeise Waldmeister-
   Geschmack aus dem Kühlregal

1 Backofen vorheizen. Die 12 Papierbackförmchen in die Vertiefungen der Muffinform setzen.

2 Für den Teig Mehl mit Backpulver in einer Rührschüssel gut vermischen. Zucker, Vanillin-Zucker, Eier, Speiseöl und Obstessig hinzufügen und alles mit Handrührgerät mit Rührbesen auf höchster Stufe in etwa 2 Minuten zu einem glatten Teig verarbeiten.

3 Den Teig gleichmäßig in den Papierbackförmchen verteilen, mit Haselnuss-Krokant bestreuen. Die Form auf dem Rost im unteren Drittel in den vorgeheizten Backofen schieben.

Ober-/Unterhitze: etwa 180 °C
Heißluft: etwa 160 °C
Backzeit: etwa 15 Minuten.

4 Nach dem Backen die Form auf einen Kuchenrost stellen und die Gebäckböden etwas abkühlen lassen. Dann die Gebäckböden mit den Papierförmchen aus der Form nehmen und auf einem Kuchenrost erkalten lassen.

5 Für die Creme Sahne mit Sahnesteif, Zucker und Vanillin-Zucker steifschlagen. Götterspeise mit einem Löffel in dem Becher grob zerkleinern und unter die Sahne heben. Die Creme auf den Gebäckböden verteilen.

Tipp:
Die kleinen Törtchen in bunten Papierbackförmchen servieren.

Zubereitungszeit:
15 Minuten, ohne Abkühlzeit
Backzeit: etwa 15 Minuten

Insgesamt:
E: 27 g, F: 92 g, Kh: 170 g,
kJ: 6874, kcal: 1641,
BE: 14,0

Erfrischungstarte
Für Kinder

1 Tarteform
(Ø 28 cm, gefettet)

Zum Vorbereiten:
2 Dosen Mandarinen
(Abtropfgewicht je 175 g)

Für den Teig:
170 g Weizenmehl
2 gestr. TL Dr. Oetker Backin
120 g Zucker
1 Pck. Dr. Oetker Vanillin-Zucker
2 Eier (Größe M)
80 ml Speiseöl,
z. B. Sonnenblumenöl
125 ml (⅛ l) Buttermilch mit
Zitronen-Geschmack

Für den Guss:
1 Pck. Tortenguss, klar
2 EL Zucker
250 ml (¼ l) Mandarinensaft
aus der Dose

1 Zum Vorbereiten Mandarinen in einem Sieb gut abtropfen lassen, den Saft dabei auffangen und 250 ml (¼ l) für den Guss abmessen (evtl. mit Wasser auffüllen). Backofen vorheizen.

2 Für den Teig Mehl mit Backpulver in einer Rührschüssel gut vermischen. Restliche Teigzutaten hinzufügen und mit Handrührgerät mit Rührbesen in etwa 2 Minuten zu einem Teig verarbeiten.

3 Den Teig in die vorbereitete Tarteform füllen und die Mandarinen darauf verteilen. Die Form auf dem Rost in den vorgeheizten Backofen schieben.

Ober-/Unterhitze: etwa 180 °C
Heißluft: etwa 160 °C
Backzeit: 30–35 Minuten.

4 Die Form auf einen Kuchenrost stellen und die Tarte in der Form erkalten lassen.

5 Für den Guss aus Tortenguss, Zucker und dem abgemessenen Mandarinensaft nach Packungsanleitung einen Guss zubereiten. Den Guss gleichmäßig auf der Tarte verteilen und fest werden lassen.

Zubereitungszeit:
15 Minuten, ohne Abkühlzeit
Backzeit: 30–35 Minuten

Insgesamt:
E: 38 g, F: 100 g, Kh: 393 g,
kJ: 11099, kcal: 2649,
BE: 32,5

Apfelmuskuchen | Mit Alkohol

1 Springform mit Rohrboden
(Ø 26 cm, gefettet)

Für den Rührteig:
150 g Butter oder Margarine
200 g Zucker
1 Pck. Dr. Oetker Vanillin-Zucker
2 Eier (Größe M)
1 Prise Salz
1 Pck. Dr. Oetker Finesse Geriebene Zitronenschale
1 gestr. TL gemahlener Zimt
3 EL Rum
400 g Weizenmehl
3 gestr. TL Dr. Oetker Backin
200 g Apfelmus
100 g gehackte Haselnusskerne
150 g Rosinen

1 Backofen vorheizen. Für den Teig Butter oder Margarine mit Handrührgerät mit Rührbesen auf höchster Stufe geschmeidig rühren. Nach und nach Zucker und Vanillin-Zucker unterrühren. So lange rühren, bis eine gebundene Masse entstanden ist.

2 Eier nach und nach unterrühren (jedes Ei etwa ½ Minute). Salz, Zitronenschale, Zimt und Rum hinzufügen. Mehl mit Backpulver gut vermischen und in 2 Portionen auf mittlerer Stufe unterrühren. Apfelmus mit Haselnusskernen und Rosinen unterheben.

3 Den Teig in die vorbereitete Springform mit Rohrboden geben und glattstreichen. Die Form auf dem Rost in den vorgeheizten Backofen schieben.

Ober-/Unterhitze: etwa 180 °C
Heißluft: etwa 160 °C
Backzeit: etwa 50 Minuten.

4 Die Form auf einen Kuchenrost setzen. Den Kuchen etwa 10 Minuten in der Form stehen lassen, dann aus der Form lösen und auf einen mit Backpapier belegten Kuchenrost stürzen. Kuchen erkalten lassen.

Tipp:
Den Kuchen mit aufgekochtem Apfelgelee bestreichen und mit gebräunten, gehobelten Mandeln bestreuen.

Zubereitungszeit:
15 Minuten
Backzeit: etwa 50 Minuten

Insgesamt:
E: 69 g, F: 207 g, Kh: 644 g,
kJ: 20338, kcal: 4861,
BE: 53,5

Gestürzte Apfeltarte — Fruchtig

1 Tarteform
(Ø 28–30 cm)

Außerdem für die Form:
etwas Butter
1–2 EL Zucker

4 mittelgroße süß-säuerliche Äpfel (etwa 800 g), z. B. Cox orange, Elstar
50 g getrocknete, gezuckerte Cranberries oder Kirschen

1 Pck. Blätterteig aus dem Kühlregal (Ø 32 cm, 230 g)

1. Die Tarteform mit Butter fetten und mit Zucker ausstreuen. Backofen vorheizen.

2. Äpfel schälen und die Kerngehäuse mit einem Apfelkernausstecher ausstechen. Die Äpfel in etwa 1 cm dicke Scheiben schneiden und dachziegelartig in die Tarteform einschichten. Cranberries oder Kirschen in den Zwischenräumen verteilen.

3. Die Blätterteigplatte auf die Früchte in der Tarteform legen und etwas andrücken. Evtl. überstehenden Teig auf die Teigplatte klappen. Die Teigplatte mehrmals mit einer Gabel einstechen.

4. Die Form auf dem Rost im unteren Drittel in den vorgeheizten Backofen schieben.

Ober-/Unterhitze: etwa 200 °C
Heißluft: etwa 180 °C
Backzeit: etwa 30 Minuten.

5. Die Tarte nach dem Backen vorsichtig auf eine Tortenplatte stürzen und warm servieren.

Tipp:
Die Apfeltarte mit Vanille-Sauce oder Vanille-Eis servieren.
Wenn man keinen fertigen Blätterteig aus dem Kühlregal bekommt, kann man auch ein halbes Päckchen (225 g) TK-Blätterteig verwenden. Die Blätterteigplatten dann nebeneinander zugedeckt nach Packungsanleitung auftauen lassen. Anschließend die Teigplatten aufeinanderlegen, auf einer leicht bemehlten Arbeitsfläche zu einer runden Teigplatte (Ø 30–34 cm) ausrollen und wie im Rezept beschrieben weiterverarbeiten.

Zubereitungszeit:
15 Minuten
Backzeit: etwa 30 Minuten

Insgesamt:
E: 15 g, F: 61 g, Kh: 217 g,
kJ: 6208, kcal: 1483,
BE: 18,0

Aprikosen-Schoko-Gugelhupf — Fruchtig

1 Gugelhupfform
(Ø 22 cm, gefettet, gemehlt)

Für den Teig:
1 Dose Aprikosenhälften
(Abtropfgewicht 480 g)
250 g Weizenmehl
40 g Kakaopulver
1 Pck. Dr. Oetker Backin
75 g blütenzarte Haferflocken
200 g Zucker
1 Pck. Dr. Oetker Vanillin-Zucker
5 Eier (Größe M)
200 g weiche Butter
100 g Raspelschokolade

Für den Guss:
150 g gesiebter Puderzucker
etwa 2 EL Aprikosensaft aus der Dose

1 Für den Teig Aprikosen in einem Sieb gut abtropfen lassen, dabei den Saft auffangen und für den Guss beiseitestellen. Die Früchte in Stücke schneiden. Backofen vorheizen.

2 Mehl mit Kakao und Backpulver in einer Rührschüssel gut vermischen, Haferflocken, Zucker und Vanillin-Zucker unterrühren. Eier und Butter hinzufügen und mit Handrührgerät mit Rührbesen zunächst kurz auf niedrigster, dann auf höchster Stufe in etwa 2 Minuten zu einem glatten Teig verarbeiten. Raspelschokolade und Aprikosenstücke unterheben.

3 Den Teig in die vorbereitete Gugelhupfform füllen und die Form auf dem Rost in den vorgeheizten Backofen schieben.

Ober-/Unterhitze: etwa 180 °C
Heißluft: etwa 160 °C
Backzeit: etwa 65 Minuten (nach etwa 50 Minuten Backzeit den Kuchen evtl. mit Backpapier zudecken).

4 Den Kuchen etwa 10 Minuten in der Form stehen lassen, dann auf einen mit Backpapier belegten Kuchenrost stürzen und erkalten lassen.

5 Für den Guss Puderzucker mit Saft zu einer dickflüssigen Masse verrühren, auf den Kuchen streichen und den Guss fest werden lassen.

Zubereitungszeit:
15 Minuten, ohne Abkühlzeit
Backzeit: etwa 65 Minuten

Insgesamt:
E: 91 g, F: 245 g, Kh: 733 g,
kJ: 23228, kcal: 5546,
BE: 61,5

Saftiger Bananenhupf | Für Kinder

1 Gugelhupfform
(Ø 22 cm, gefettet, gemehlt)

Für den Rührteig:

250 g weiche Butter oder
Margarine
150 g Zucker
1 Pck. Dr. Oetker Bourbon-Vanille-
Zucker
1 Prise Salz
1–2 gestr. TL gemahlener Zimt
4 Eier (Größe M)
200 g Weizenmehl
50 g Speisestärke
3 gestr. TL Dr. Oetker Backin
100 ml Bananennektar
2 reife Bananen

Für den Guss:

175 g gesiebter Puderzucker
$\frac{1}{2}$ gestr. TL gemahlener Zimt
etwa 2 EL Bananennektar

1 Backofen vorheizen. Für den Teig Butter oder Margarine mit Handrührgerät mit Rührbesen auf höchster Stufe geschmeidig rühren. Nach und nach Zucker, Vanille-Zucker, Salz und Zimt unterrühren. So lange rühren, bis eine gebundene Masse entstanden ist.

2 Eier nach und nach unterrühren (jedes Ei etwa $\frac{1}{2}$ Minute). Mehl mit Speisestärke und Backpulver gut vermischen und in 2 Portionen abwechselnd mit dem Bananennektar auf mittlerer Stufe unterrühren.

3 Den Teig in die vorbereitete Gugelhupform geben und glattstreichen. Bananen schälen, in der Mitte durchschneiden und waagerecht in den Teig drücken. Die Form auf dem Rost in den vorgeheizten Backofen schieben.

Ober-/Unterhitze: etwa 180 °C
Heißluft: etwa 160 °C
Backzeit: etwa 60 Minuten.

4 Kuchen nach dem Backen etwa 10 Minuten in der Form auf einem Kuchenrost abkühlen lassen, dann auf einen mit Backpapier belegten Kuchenrost stürzen und erkalten lassen.

5 Für den Guss Puderzucker mit Zimt in einer kleinen Schale vermischen. Nach und nach Bananennektar hinzufügen und zu einem streichfähigen Guss verrühren. Den Guss auf den Kuchen geben und mithilfe eines Backpinsels verstreichen.

Tipp:

Sie können den Kuchen auch in einer Springform mit Rohrboden (Ø 26 cm) zubereiten.

Zubereitungszeit:
15 Minuten, ohne Abkühlzeit
Backzeit: etwa 60 Minuten

Insgesamt:
E: 51 g, F: 239 g, Kh: 589 g,
kJ: 19884, kcal: 4752,
BE: 49,5

After-Eight-Kastenkuchen

Gut vorzubereiten

1 Kastenform
(25 x 11 cm, gefettet, gemehlt)

Für den Rührteig:
100 g After Eight®
(Minztäfelchen), gut gekühlt
250 g weiche Butter oder
Margarine
200 g Zucker
1 Pck. Dr. Oetker Vanillin-Zucker
4 Eier (Größe M)
200 g Weizenmehl
100 g Speisestärke
25 g Kakaopulver
4 gestr. TL Dr. Oetker Backin
3 EL Milch

1 Backofen vorheizen. Für den Teig die Minztäfelchen in kleine Stücke hacken. Butter oder Margarine mit Handrührgerät mit Rührbesen auf höchster Stufe geschmeidig rühren. Nach und nach Zucker und Vanillin-Zucker unterrühren. So lange rühren, bis eine gebundene Masse entstanden ist.

2 Eier nach und nach unterrühren (jedes Ei etwa ½ Minute). Mehl mit Speisestärke, Kakaopulver und Backpulver gut vermischen und mit der Milch in 2 Portionen auf mittlerer Stufe unterrühren. Gehackte Minztäfelchen unterheben.

3 Den Teig in die vorbereitete Kastenform geben und glattstreichen. Die Form auf dem Rost im unteren Drittel in den vorgeheizten Backofen schieben.

Ober-/Unterhitze: etwa 180 °C
Heißluft: etwa 160 °C
Backzeit: etwa 60 Minuten.

4 Den Kuchen nach dem Backen etwa 10 Minuten in der Form auf einem Kuchenrost abkühlen lassen. Dann den Kuchen auf einen mit Backpapier belegten Kuchenrost stürzen und erkalten lassen.

® Société des Produits Nestlé S. A.

Zubereitungszeit:
15 Minuten, ohne Abkühlzeit
Backzeit: etwa 60 Minuten

Insgesamt:
E: 57 g, F: 259 g, Kh: 519 g,
kJ: 19518, kcal: 4664,
BE: 43,0

Heidelbeertarte | Beliebt

1 Tarteform
  (Ø etwa 28 cm, gefettet)

Für den Rührteig:
  100 g weiche Butter oder
    Margarine
  150 g brauner Zucker
  1 Pck. Dr. Oetker Vanillin-Zucker
  1 Pck. Dr. Oetker Finesse Geriebene
    Zitronenschale
  3 Eier (Größe M)
  200 g Weizenmehl
  2 gestr. TL Dr. Oetker Backin

  300 g TK-Heidelbeeren

Zum Bestäuben:
  etwas Puderzucker

1 Backofen vorheizen. Für den Teig Butter oder Margarine mit Handrührgerät mit Rührbesen auf höchster Stufe geschmeidig rühren. Nach und nach Zucker, Vanillin-Zucker und Zitronenschale unterrühren. So lange rühren, bis eine gebundene Masse entstanden ist.

2 Eier nach und nach unterrühren (jedes Ei etwa ½ Minute). Mehl mit Backpulver gut vermischen und kurz auf mittlerer Stufe unter die Eiercreme rühren.

3 Teig in die vorbereitete Tarteform füllen und glattstreichen. Gefrorene Heidelbeeren auf dem Teig verteilen. Die Form auf dem Rost in den vorgeheizten Backofen schieben.

Ober-/Unterhitze: etwa 180 °C
Heißluft: etwa 160 °C
Backzeit: etwa 35 Minuten.

4 Tarte nach dem Backen in der Form auf einen Kuchenrost stellen und erkalten lassen. Tarte vor dem Servieren mit Puderzucker bestäuben.

Tipp:
Sie können die Tarte auch mit der gleichen Menge tiefgekühlten Himbeeren, Brombeeren oder Zwetschen zubereiten. Gut dazu schmeckt mit Eierlikör abgeschmeckte geschlagene Sahne.

Zubereitungszeit:
15 Minuten, ohne Abkühlzeit
Backzeit: etwa 35 Minuten

Insgesamt:
E: 43 g, F: 110 g, Kh: 335 g,
kJ: 10575, kcal: 2527,
BE: 28,0

Kakaokuchen | Preiswert

1 Gugelhupfform
(Ø 22 cm, gefettet, gemehlt)

Für den Teig:
250 g weiche Butter
250 g Zucker
1 Pck. Dr. Oetker Vanillin-Zucker
1 Prise Salz
4 Eier (Größe M)
100 g Weizenmehl
50 g Speisestärke
40 g Kakaopulver
1 gestr. TL Dr. Oetker Backin

Zum Bestäuben:
1 EL Puderzucker
1 TL Kakaopulver

1 Backofen vorheizen. Für den Teig Butter in einer Rührschüssel mit Handrührgerät mit Rührbesen geschmeidig rühren. Nach und nach Zucker, Vanillin-Zucker und Salz unterrühren, bis eine gebundene Masse entstanden ist.

2 Eier nach und nach unterrühren (jedes Ei etwa ½ Minute). Mehl mit Speisestärke, Kakao und Backpulver gut vermischen und in 2 Portionen auf mittlerer Stufe unterrühren.

3 Den Teig in die vorbereitete Gugelhupfform geben und glattstreichen. Die Form auf dem Rost in den vorgeheizten Backofen schieben.

Ober-/Unterhitze: etwa 180 °C
Heißluft: etwa 160 °C
Backzeit: etwa 45 Minuten.

4 Den Kuchen 10 Minuten in der Form stehen lassen, dann auf einen mit Backpapier belegten Kuchenrost stürzen und erkalten lassen. Anschließend den Kuchen erst mit Puderzucker, dann mit Kakao bestäuben und servieren.

Tipp:
Der Kuchen ist gefriergeeignet.
Sie können den Kuchen auch in einer Springform mit Rohrboden (Ø 26 cm) zubereiten.

Zubereitungszeit:
10 Minuten, ohne Abkühlzeit
Backzeit: etwa 45 Minuten

Insgesamt:
E: 47 g, F: 248 g, Kh: 390 g,
kJ:16755, kcal: 4003,
BE: 32,5

Kapitelregister

Blitzkuchen aus der Springform
Beerenstarke Grützetorte 9
Schneller Aprikosenkuchen 10
Marmorierter Käsekuchen ohne Boden 12
Orangen-Buttermilch-Kuchen 14
Amarettini-Kuchen .16
Gestreifter Orangenkuchen (Titelrezept) 18
Joghurt-Erdbeer-Torte 20
Roter Mandarinen-Kirsch-Kuchen 22
Käsekuchen ohne Boden 24
Nougat-Kugel-Kuchen 26
Streusel-Pflaumen-Kuchen 28

Blitzkuchen vom Blech
Schokoladen-Aprikosen-Kuchen 31
Streuselkuchen mit Apfelmus 32
Espressokuchen mit Vanillequark 34
Kirsch-Joghurt-Kuchen 36
Haselnusskuchen .38

Stachelbeerschnitten mit Marzipanraspeln 40
Kokosmilchkuchen vom Blech 42
Rhabarber-Amarettini-Schnitten 44
Nusskuchen mit Guss 46
Mandarinen-Kokos-Kuchen 48
Schneller Butter-Mandel-Kuchen 50
Makronenkuchen .52
Wolken-Streusel-Kuchen 54
Fruchtig gefüllte Blätterteigkissen 56
Blitzkuchen mit Kandis 58
Knusper-Müsli-Kuchen 60
Affen-Butter-Kuchen 62
Limettenkuchen 64

Blitzkuchen aus Gugelhupf-, Kasten-, Tarteformen & Co.
Durstige Liese 67
Nusskuchen im Knuspermantel 68
Himbeer-Haferflocken-Tarte 70
Schoko-Bananen-Kuchen 72
Fruchtiger Gugelhupf 74
Waldmeistertörtchen 76
Erfrischungstarte .78
Apfelmuskuchen 80
Gestürzte Apfeltarte 82
Aprikosen-Schoko-Gugelhupf 84
Saftiger Bananenhupf 86
After-Eight-Kastenkuchen 88
Heidelbeertarte 90
Kakaokuchen 92

94

Alphabetisches Register

A

Affen-Butter-Kuchen.................................62
After-Eight-Kastenkuchen...........................88
Amarettini-Kuchen 16
Apfelmuskuchen 80
Apfeltarte, gestürzte..............................82
Aprikosen-Schoko-Gugelhupf........................84
Aprikosenkuchen, schneller 10

B

Bananenhupf, saftiger 86
Beerenstarke Grützetorte 9
Blätterteigkissen, fruchtig gefüllte 56
Blitzkuchen mit Kandis.............................58
Butter-Mandel-Kuchen, schneller...................50

D/E

Durstige Liese 67
Erfrischungstarte 78
Espressokuchen mit Vanillequark 34

F

Fruchtig gefüllte Blätterteigkissen 56
Fruchtiger Gugelhupf...............................74

G

Gestreifter Orangenkuchen (Titelrezept).........18
Gestürzte Apfeltarte...............................82
Grützetorte, beerenstarke 9
Gugelhupf, fruchtiger 74

H/J

Haselnusskuchen 38
Heidelbeertarte 90
Himbeer-Haferflocken-Tarte.........................70
Joghurt-Erdbeer-Torte 20

K

Kakaokuchen..92
Käsekuchen ohne Boden 24

K

Käsekuchen ohne Boden, marmorierter 12
Kirsch-Joghurt-Kuchen 36
Knusper-Müsli-Kuchen...............................60
Kokosmilchkuchen vom Blech.........................42

L

Liese, durstige....................................67
Limettenkuchen 64

M

Makronenkuchen 52
Mandarinen-Kirsch-Kuchen, roter 22
Mandarinen-Kokos-Kuchen............................48
Marmorierter Käsekuchen ohne Boden 12

N

Nougat-Kugel-Kuchen................................26
Nusskuchen im Knuspermantel 68
Nusskuchen mit Guss 46

O/R

Orangen-Buttermilch-Kuchen 14
Orangenkuchen, gestreifter (Titelrezept).........18
Rhabarber-Amarettini-Schnitten 44
Roter Mandarinen-Kirsch-Kuchen....................22

S

Saftiger Bananenhupf...............................86
Schneller Aprikosenkuchen..........................10
Schneller Butter-Mandel-Kuchen 50
Schoko-Bananen-Kuchen..............................72
Schokoladen-Aprikosen-Kuchen 31
Stachelbeerschnitten mit Marzipanraspeln......40
Streusel-Pflaumen-Kuchen 28
Streuselkuchen mit Apfelmus........................32

W

Waldmeistertörtchen................................76
Wolken-Streusel-Kuchen.............................54

Für Fragen, Vorschläge oder Anregungen steht Ihnen der Verbraucherservice der Dr. Oetker Versuchsküche, Telefon: +49 (0) 18 03 24 25 26 Mo.-Fr. 8:00 - 18:00 Uhr, Sa. 9:00 -15:00 Uhr (0,09 EUR/Min.) zur Verfügung oder schreiben Sie uns:
Dr. Oetker Verlag KG, Am Bach 11, 33602 Bielefeld
oder besuchen Sie uns im Internet unter www.oetker.de.

Umwelthinweis Dieses Buch und der Einband wurden auf chlorfrei gebleichtem Papier gedruckt. Die Einschrumpffolie – zum Schutz vor Verschmutzung – ist aus umweltfreundlichem und recyclingfähigem PE-Material.

Wir danken für die freundliche Unterstützung Nestlé, Frankfurt/Main

Copyright © 2007 by Dr. Oetker Verlag KG, Bielefeld

Redaktion Andrea Gloß

Titelfoto Thomas Diercks, Hamburg

Innenfotos Fotostudio Diercks, Hamburg (S. 8, 13, 15, 21, 25, 33, 37, 39, 47, 51, 57, 59, 63, 66, 81)
Ulli Hartmann, Halle/Westf. (S. 4, 6, 7, 11, 19, 23, 27-30, 35, 41, 45, 49, 53, 55, 61, 65, 69, 75, 77, 83, 89)
Bernd Lippert (S. 43, 91)
Brigitte Wegner, Bielefeld (S. 17, 71, 73, 79, 85, 87, 93)

Rezeptentwicklung und Foodstyling Claudia Potgeter, Nordhorn
Rezeptberatung Eike Upmeier-Lorenz, Hamburg

Nährwertberechnungen Nutri Service, Hennef

Grafisches Konzept M·D·H Haselhorst, Bielefeld
Gestaltung M·D·H Haselhorst, Bielefeld
Titelgestaltung kontur:design, Bielefeld

Satz Typografika, Bielefeld
Reproduktionen Fotolito Longo, Bozen, Italien
Druck und Bindung Mohn media Mohndruck GmbH, Gütersloh

Die Autoren haben dieses Buch nach bestem Wissen und Gewissen erarbeitet. Alle Rezepte, Tipps und Ratschläge sind mit Sorgfalt ausgewählt und geprüft. Eine Haftung des Verlages und seiner Beauftragten für alle erdenklichen Schäden an Personen, Sach- und Vermögensgegenständen ist ausgeschlossen.

Nachdruck, auch auszugsweise, nur mit ausdrücklicher Genehmigung und Quellenangabe gestattet.

ISBN: 978-3-7670-0835-9